À ceux qui disaient toujours que « Je finirai bien par arriver quelque part »,
ainsi qu'à ceux qui pensaient l'inverse et se sont trompés.
À Kevin, qui sait que le voyage compte plus que la destination.

A. B.

Aux voix de femmes, Claudette, Dédée, Marina, Camille,
Eve, Julie, qui m'accompagnent sur le chemin de la confiance,
aux petites oreilles où se glisse encore leur écho.

A. P.

Pour Camille et Victor, qui grandissent vite vite vite !

C. D.

ISBN : 978-2-7324-7582-0
Dépôt légal : août 2016 – tirage n° 1
Conforme à la loi 49-956 du 16 juillet 1949 sur les publications destinées à la jeunesse

Imprimé en Chine par l'intermédiaire de Papersong (info@paper-song.com)

L'agence Okidokid a mis sa créativité au service de ce livre.

LE SUPERGUIDE POUR ENFIN OSER ÊTRE SOI !

Alda Bournel - Audrey Pfaff - Claire Delvaux

De La Martinière
Jeunesse

SOMMAIRE

I – APPRENDRE À M'APPRÉCIER

II – FAIRE LA PAIX AVEC MON CORPS

III – M'ÉPANOUIR, ENFIN!

Pourquoi ce livre ?

« La réponse est simple : c'est celui que j'aurais aimé avoir entre les mains à l'adolescence. Parce qu'à cette période-là, peut-être comme toi en ce moment, j'ai traversé des moments de doute très pénibles : ma vie avait-elle un sens ? Quelles étaient mes envies, ma valeur personnelle ? Me croyant trop souvent rejetée, je ne voyais plus que mes défauts. J'écoutais sans les entendre mes amis ou ma mère qui cherchaient à me rassurer. Je me sentais mal, vraiment.
Adulte (et heureuse !), j'ai souvent repensé à mon adolescence chahutée. De quoi avais-je manqué pour la vivre pleinement ? Au fond, ce n'était ni d'amour, ni de qualités, mais d'une chose essentielle : la confiance en moi. Si la graine était déjà là, prête à s'épanouir, elle n'avait pas encore germé. Il aurait fallu un déclic… d'où l'idée de ce livre.
Avant de l'écrire, j'en ai parlé à mon amie Audrey. Le sujet la touchait aussi, comme il touche des millions de gens… Elle a aussitôt accepté de m'aider. Nous avons mis tout notre cœur dans cet ouvrage ! Il t'aidera, nous l'espérons, à (re)trouver en toi la petite graine essentielle, cette confiance qui est déjà là, peut-être un peu cachée. Grandir en t'aimant, en développant de bonnes relations avec les autres, en réalisant tes rêves, en étant heureux(se), c'est à ta portée !

Pour finir, un secret… Écrire ce livre nous a aidées, nous aussi, à cultiver ce qu'on perd parfois : la confiance dans ce que l'on est. Tout simplement.

Alda »

LA CONFIANCE EN SOI, QU'EST-CE QUE C'EST ?

C'est beaucoup de choses à la fois, comme croire en ses capacités et accepter ses faiblesses, s'estimer quoi qu'il arrive, être à l'aise parmi les autres… C'est aussi la faculté de colorer notre vie, nos pensées, nos relations, de teintes plus gaies. Tout le monde en est capable ! Pas toi, penses-tu ? Bien sûr que si. La confiance en soi, ça se travaille et ça se muscle de 0 à 99 ans. On ne naît pas champion(ne), on le devient !

Puis, il faut le dire, il y a des périodes où l'on peut douter de soi. À l'adolescence, par exemple : entre un corps qui change, une personnalité qui s'affirme et des rapports parfois tendus avec les parents, les amis, l'école, voilà nos repères chamboulés… Quel meilleur moment pour renverser la vapeur et apprendre à s'aimer ?

Ce livre est à toi…

Tu peux le dévorer en entier, picorer des chapitres dans le désordre ou y piocher des conseils. Tu peux le reposer et le reprendre, le lire et le relire, faire les exercices, les tests et les proposer à ton entourage. Il est là pour t'aider à t'aimer davantage, à embellir ton quotidien, à réfléchir sur toi-même et sur les autres et surtout, à t'encourager à te lancer. Car l'action, c'est l'un des piliers de la confiance en soi !

N'hésite pas, au fil des pages, à ajouter tes pensées, tes expériences et tes propres astuces. Qui sait ? Un jour peut-être, tu auras envie de rouvrir ces pages et de mesurer le chemin parcouru…

Alors, prêt(e) à te lancer ? Go !

SECTION I

APPRENDRE À M'APPRÉCIER

Entre tes émotions qui débordent et une estime de toi malmenée, il est parfois difficile de prendre la vie du bon côté... Encore plus lorsque des épreuves s'en mêlent ! Pour les affronter de pied ferme et retrouver le chemin de la sérénité, mieux t'apprécier est essentiel. Comprendre tes faiblesses, connaître tes qualités, porter un regard plus indulgent sur toi-même, c'est maintenant !

QUE D'ÉMOTIONS !

Ah, les émotions...
Pourquoi te mettent-elles dans tous tes états ?
Sont-elles tes amies ou tes ennemies ?
C'est selon... mais selon quoi ?

Les émotions universelles

Parmi toutes nos émotions, les chercheurs en distinguent quatre fondamentales : **la joie, la tristesse, la peur et la colère**. Les autres seraient des variantes que l'on éprouve avec plus ou moins d'intensité. La peur, par exemple, va de la légère appréhension à la panique. Cette intensité dépend du contexte (t'opposer à un ami, c'est moins stressant qu'à un groupe), mais aussi de chacun : alors que danser à une fête te ravit, Théo, lui, en a des sueurs froides...

Explorateur cherche boussole

Au cours d'une journée, tes émotions t'assaillent et se succèdent. Fatigantes, ces montagnes russes ? En effet, mais rien de plus normal : l'adolescence est une période de grands bouleversements. À vif, tu ressens tout à l'extrême et réagis de même. Entre le *trop génial* et le *trop nul*, ton cœur balance et peut même perdre le nord. Tu te sens désorienté(e) ? Un peu de patience : au fil du temps et des expériences, tu sauras mieux repérer et comprendre ce que tu ressens.

Aux quatre coins du monde

Lorsqu'un Japonais, un Indien et un Australien ont peur, leur expression faciale est similaire. Peu importe qu'ils ne parlent pas la même langue ! Pour être considérée comme *universelle*, une émotion doit remplir deux critères : s'exprimer de la même façon sur le visage d'une personne, quels que soient son pays et sa culture ; être reconnue par tous. Aux émotions de base, certains chercheurs en ajoutent d'autres : la surprise, le dégoût ou encore le mépris.

Cultive tes émotions positives

As-tu remarqué ? Lorsqu'on pense *émotions*, on pense d'abord à la peur, à la colère, à l'angoisse... Les émotions positives comme la joie et la sérénité sont en général moins valorisées, voire déconsidérées : quelqu'un qui se réjouit de tout est vite catalogué *simplet*. C'est dommage, car ces émotions-là contribuent à notre bonheur. Savoure les tiennes !

« Mon émotivité, c'est ma richesse ! »

Les émotions sont des signaux aussi puissants qu'utiles. La peur, par exemple, te prévient d'un danger et te recommande de fuir.

Trop, c'est trop !

Le problème ? Quand tes émotions riment avec hypersensibilité. Elles te font alors souffrir, te bloquent, t'obsèdent, gâchent tes relations avec les autres… Autrement dit, elles te mènent par le bout du nez. C'est d'autant plus vrai si tu manques de confiance en toi : vulnérable, tu as tendance à surréagir à des remarques, des attitudes… Le juste équilibre est difficile à trouver !

Chouette, des émotions !

Les émotions peuvent se combiner entre elles sans logique apparente. Le rire se mêle aux larmes, la tristesse à la joie…

Le mot *émotion* vient du latin *movere*, « mouvoir ». Les émotions, c'est du mouvement, de la vie. Sans elles, tu serais un robot ! D'ailleurs, aucune n'est négative en soi : la joie est délicieuse ; la tristesse est saine face à un événement pénible ; la peur et la colère peuvent pousser à l'action. Même désagréables, les émotions enrichissent nos rapports avec les autres.

TEST

COMMENT VIS-TU TES ÉMOTIONS ?

Oh, une émotion !
Quelle réaction adopter ?
Laisse parler tes sentiments !

Ce matin, tu t'es levé(e) du pied gauche. Conséquence :

✖ Il est temps d'utiliser ton pied droit.
○ Tu clopines dans la maison, muet(te) comme une ombre.
□ Tu te recouches en geignant.

Ta mère a encore oublié d'acheter tes céréales préférées.

□ Elle ne t'aime pas, elle t'affame !
✖ Pas grave, tu te contenteras de tartines.
○ Tu fais la tête devant ton bol de chocolat.

Une copine te traite de « boulet juste bon(ne) à rien ».

✖ Tu éclates de rire en te demandant quelle mouche l'a piquée.
○ Tu ouvres la bouche, mais rien n'en sort.
□ Tu l'assassines, celle-là !

Ce matin, Camille t'a décroché son plus beau sourire. Te voilà…

□ Aux anges. Il (elle) t'apprécie, c'est sûr !
✖ À l'aube d'une belle journée et demain, tu l'abordes.
○ Incapable de bouger, de penser, de respirer.

Grosse dispute avec ta sœur. Un quart d'heure plus tard…

✖ Tu t'excuses platement, tes mots ont dépassé ta pensée.
□ Ta chambre s'en souvient, tu as tout dévasté !
○ Tu te comportes comme si rien ne s'était passé.

Ta réaction face à un comportement hostile :

✖ Le traiter par le mépris.
○ Te fermer comme une huître.
□ Redoubler d'hostilité.

Pleurer en public...

- ✕ Ça arrive, mais c'est gênant.
- ○ C'est la honte.
- □ Ça te pend au nez après la question suivante !

Dans ton pire cauchemar...

- ✕ Tu dis tout ce qui te passe par la tête, horreurs comprises.
- ○ Le monde entier connaît tes pensées les plus secrètes.
- □ Tu as un bâillon sur la bouche et une furieuse envie de hurler.

Pour mieux apprivoiser tes émotions, tourne la page...

RÉSULTATS

Totalise tes symboles.

Max de ✕ : émotions sous contrôle

Tes émotions, tu composes avec elles tant qu'elles ne dépassent pas un seuil critique. Leur trop-plein s'exprime alors en privé, dans ta chambre ou ton journal intime. Pas question de le déverser sur le premier venu ! Tes « humeurs » te passeront, de toute façon. Si elles durent, il te reste l'option sport, karaoké-défouloir, dérision... Tout ce qui t'apaise, tu prends ! Veille juste à ne pas trop intellectualiser ce que tu ressens sous peine d'en rater la meilleure partie.

Max de ○ : émotions en cage

Tu sembles impassible alors qu'à l'intérieur, tu bouillonnes. Mais te laisser aller, surtout devant témoins, serait à tes yeux une terrible preuve de faiblesse. Les autres pourraient s'engouffrer dans la brèche ! C'est en effet un risque, mais un risque faible avec des personnes de confiance. Essaie de t'ouvrir davantage car, à force de tout garder sous clé, tu vas exploser. D'autant que ton entourage, te croyant insensible, trouve inutile de te ménager. Tu en aurais pourtant bien besoin...

Max de □ : émotions en roue libre

Triste, tu es au 36e dessous et heureux(se), au 7e ciel... Serais-tu brouillé(e) avec les demi-mesures ? Ton « ascenseur émotionnel » te permet de vivre à fond, ce qui est grisant, mais pas sans conséquence. Pour commencer, tes hauts et tes bas t'épuisent. Ensuite, les autres peinent à te comprendre. Pourquoi réagis-tu si violemment ? Certains, étonnés, en viennent même à te craindre. Prends sur toi pour garder ton sang-froid, ne serait-ce qu'en public. Tu n'es pas « ingérable », juste très sensible !

J'APPRIVOISE MES ÉMOTIONS

Barricader tes émotions, mauvaise idée. Elles ressurgiront plus tard et alors, gare à l'explosion… Apprends plutôt à composer avec elles !

Étape 1– Accueillir

Ton frère a le droit de sortir samedi, quelle injustice ! Tu le détestes et en plus, tu t'en veux de le détester ! As-tu raison de t'emporter ? As-tu tort ? Ce n'est pas la question : lorsqu'une émotion est là, elle est là ! Ajouter un jugement négatif risquerait surtout de l'amplifier. Mets-toi plutôt à son écoute : ton cœur s'emballe, ta respiration s'accélère, ta gorge se resserre ? Très bien. Accepte cette tempête intérieure sans la minimiser (ni l'exagérer) et respire plusieurs fois, profondément, par le ventre.

Remèdes zen

Te défouler… ailleurs : taper dans un coussin, piquer un sprint, chanter, écrire… Voilà qui est sans danger et générera des endorphines, la substance du bien-être.

Te traiter en allié(e) : imagine un ami plongé dans la même situation. De quoi aurait-il besoin ? Que lui dirais-tu pour l'apaiser ? Applique ce « traitement de faveur » à toi-même.

Expérimenter : respiration abdominale, relaxation, petit mantra, cherche ce qui marche pour toi. Thomas, lui, compte jusqu'à dix et s'apaise !

Une émotion peut en chasser une autre et/ou nous « traverser » sans laisser de trace, comme une rage noire qui retombe en soufflé.

Étape 2- Identifier

La salle de bain est inondée, ton jean est trempé et c'est l'heure de partir au collège… C'est trop, tu craques !

Le bon réflexe quand ton cerveau s'emballe : res-pi-rer. Une fois plus calme, prends le temps de démêler la pelote : que ressens-tu exactement ? De la colère (l'inondation, c'est ton frère), de la peur (tu vas être en retard), les deux ? Autre chose ? Maintenant, relativise. La situation est contrariante, oui, mais pas insurmontable. Des jeans, tu en as plein ta penderie !

Se faire aider

S'emballer arrive à tout le monde, mais attention si :

- tu paniques en l'absence d'un danger objectif (sueurs froides dans un ascenseur, le métro) ; il peut s'agir d'une *phobie* ;
- tes réactions sont disproportionnées par rapport à un événement (une crise de rage pour une assiette cassée ou une simple remarque…).

Parles-en à un médecin, des thérapies existent pour t'aider à passer ce cap.

Étape 3- Verbaliser

Tes émotions, tu as le droit d'en parler ! Les bénéfices : te soulager, te faire comprendre des autres, obtenir de l'aide si nécessaire et lever de possibles malentendus. Ton ressenti peut en effet ne pas correspondre à la réalité : les plaisanteries de ton frère sont pour toi des insultes ; pour lui, des témoignages d'affection. Ça va mieux en le disant, non ?

Garde le contrôle ! Un discours posé a toujours plus d'impact que des cris.

Exercice / Fais le tri

Mode d'emploi : note sur une feuille les situations qui t'ont fait réagir, puis tes ressentis.

contrarié • exaspéré • révolté • frustré • fier • réjoui • satisfait • comblé • inquiet • tracassé • effrayé • terrorisé • (autre)

Maintenant, réfléchis. Pourquoi éprouves-tu ces sentiments ? Y a-t-il des solutions ? Un exemple : tu découvres que ta colère est due à la peur d'être en retard. En te levant dix minutes plus tôt, tu règles le problème.

JE COMPOSE AVEC LES ÉMOTIONS… DES AUTRES !

Comprendre les émotions des autres, ça s'apprend et ça porte même un nom : *l'empathie*. Développe la tienne !

Décode les signaux

Les yeux de ton interlocuteur s'embuent, pétillent ou lancent des éclairs… Ces signes quelquefois discrets te renseigneront sur son état d'esprit. Sois attentif !

Déculpabilise

Les émotions expriment un besoin momentané : être consolé (tristesse), être protégé (peur), partager (joie), se défendre (colère)… Au lieu de prendre pour toi l'agressivité d'un ami, interroge-toi sur sa cause. Se sentirait-il mal à l'aise ou menacé ?

« **Disjoncter** » sous le coup d'une émotion trop forte et s'excuser ensuite, ça arrive à tout le monde !

Point trop n'en faut !

Si les émotions des autres te perturbent, protège-toi. Stoppe-les gentiment ou fais-leur part de ta gêne. Ils ne s'en aperçoivent peut-être pas ! Pour trouver les mots justes, l'authenticité et la bienveillance sont tes alliées.

Gare à la contagion !

Zoé pleure, ses parents divorcent. Toi, tu « absorbes » sa tristesse au point de déprimer à ton tour. Prends du recul, surtout si tu veux l'aider. Compatir, c'est bien, mais se changer en « éponge à émotions », ça épuise.

Offre ton écoute

Évite de minimiser ou de qualifier un ressenti de *n'importe quoi*. Ton interlocuteur se sentirait incompris, voire repoussé. Tu ne trouves rien à lui répondre ? Montrer que tu es là pour lui peut suffire. Tu n'es pas tenu(e) de lui apporter une solution ! Parfois, il n'y en a pas. Se savoir pleinement entendu(e), c'est déjà beaucoup.

Change de point de vue

Essaie de te mettre à la place de l'autre, d'envisager la situation sous son angle à lui (elle). Pas toujours évident, mais utile pour mieux le (la) comprendre.

JE ME SENS COUPABLE !

T'en vouloir, tu n'arrêtes pas !
La culpabilité n'est pas mauvaise en soi, à condition de savoir la gérer.
Mise au point.

Pourquoi la culpabilité ?

Aux racines de la culpabilité, il y a le jugement sur soi. Face à une situation, tu as l'impression d'avoir commis une faute : avoir menti à tes parents, par exemple. Depuis, tu ne te sens pas en paix. Stress, chagrin, colère… Ces émotions négatives, tu t'en passerais volontiers. Pourtant, elles sont très saines. Imagine un monde où personne, jamais, n'éprouverait de remords. Ce serait l'enfer !

Le positif de la culpabilité

La culpabilité n'a pas que des désavantages ! Elle sert aussi à pacifier les rapports entre les gens. Démonstration : avant de lancer ses quatre vérités à un ami, tu anticipes l'effet de tes paroles sur lui, et sur toi. Mais ensuite, comment géreras-tu ta « brutalité » ? Mal, sans doute. Voilà une bonne raison de te taire ! Si ta colère t'a emporté(e), exprimer tes regrets prouvera à ton ami que sa peine te touche. Enfin, réparer tes torts pourrait bien remettre votre relation d'aplomb. Aucune chance en partant du principe que tu n'y es pour rien…

Bonne et mauvaise culpabilité

À côté de la culpabilité « saine », qui nous pousse à bien traiter les autres, il y a l'autre : celle-là te fait ruminer, t'accuser à tort et à travers et te considérer responsable de tout… à commencer par les gens qui t'entourent. Ils sont déçus, vexés, tristes ? C'est ta faute, crois-tu. Le risque de cette « hyper-responsabilisation » est, à la longue, de ruiner ta confiance en toi. Ce serait dommage !

La culpabilité et la honte, c'est pareil ?

Pas tout à fait. La culpabilité implique autrui : on pense avoir mal agi à son égard et l'on essaie en général d'y remédier. La honte est davantage centrée sur soi. On se sent inférieur aux autres, ce qui peut nous rendre agressifs.

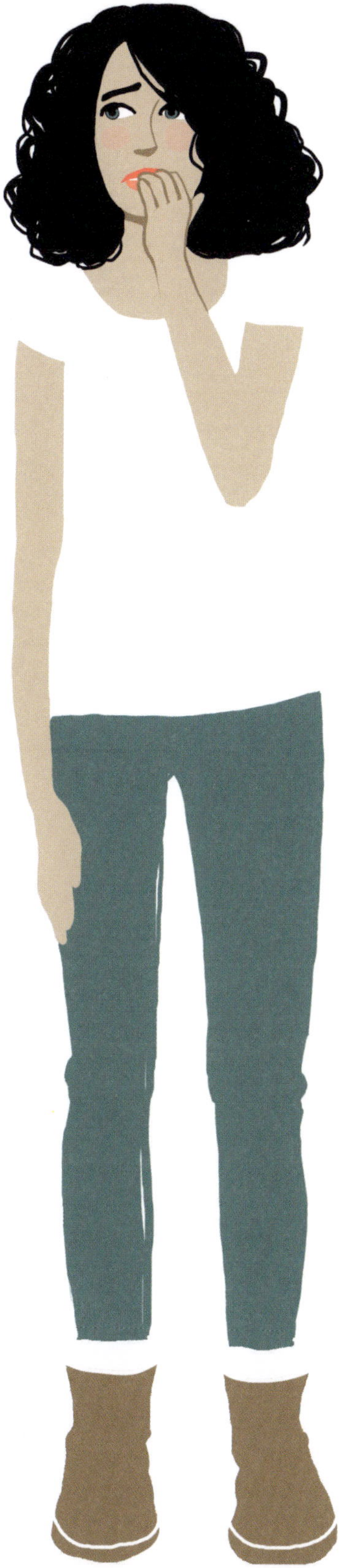

5 pistes anti-culpabilité

❶ Ouvrir les vannes

Quand tu te sens coupable, ose le dire. La réaction des autres pourrait t'étonner. Tu t'apercevras même qu'il t'arrive de leur prêter à tort des intentions. L'agressivité de Gaspard, par exemple, n'a rien à voir avec toi mais tout avec une dispute familiale...

❷ Admettre

Plus tu refoules ta culpabilité, plus elle risque de te ronger. Une solution : la regarder en face. Demande-toi d'où elle vient vraiment, si elle est justifiée, comment tu peux la soulager. Le pire serait de la déverser sur les autres pour te « venger ».

❸ Profiter

Ta culpabilité te pousse tellement à te sacrifier pour les autres qu'à la longue, tu leur en veux. Pense à satisfaire tes besoins et à profiter de la vie. *Charité bien ordonnée commence par soi-même !*

❹ Faire preuve d'indulgence

Assurer en permanence, ce n'est qu'un rêve ! Nous avons tous nos défauts et nos petites lâchetés. À quoi bon ruminer les tiennes ?

❺ Te pardonner

Tu as mal agi, mais tu avais sans doute des circonstances atténuantes. Excuse-toi, répare si possible le dommage puis passe à autre chose. Quelqu'un qui te rappelle sans cesse ton « crime » peut chercher à te manipuler en te culpabilisant. Méfiance !

TEST

LA CULPABILITÉ, TU CONNAIS ?

Culpabilises-tu plus vite que ton ombre ? Ce test te le dira…

Alors que tu te crois drôle, tu vexes un ami.

❷ Tu tentes aussitôt de te justifier. 2
❸ Tu t'en veux horriblement. Comme d'habitude, tu parles sans réfléchir ! 2
❶ Il n'a aucun humour, voilà.

Donner des conseils…

❶ C'est essentiel, et tant pis s'ils sont mauvais.
❸ C'est compliqué, tu n'es pas à la place des autres. 2
❷ C'est valorisant, mais pas sans risque.

Tu as réussi là où ton frère a échoué. Ton triomphe…

❷ Sera discret, pour ne pas l'enfoncer.
❸ A presque le goût de la honte, en fait.
❶ Est connu de ta famille au grand complet. 2

Tu entraînes ta bande dans une soirée qui s'avère nulle.

❸ Tu te sens le (la) plus nul(le) de la soirée !
❷ Tu en fais des tonnes pour réchauffer l'ambiance. 2
❶ Perdu pour perdu, autant en rire. 2

Un ami t'appelle pour se confier alors que tu n'es pas disponible.

❶ Tu lui proposes de le rappeler plus tard.
❸ Tu l'écoutes de peur de passer pour un(e) égoïste. 2
❷ Tu abrèges la conversation en te maudissant d'avoir décroché. 2

Tes plus belles gaffes, tu as tendance à…

❸ Les ruminer jusqu'à plus soif.
❶ Les oublier très vite.
❷ Les garder dans un coin de ta tête. 2

Tes tentatives pour rabibocher Léa et Gaspard n'ont fait qu'aggraver leur différend. Verdict ?

❶ À l'impossible nul n'est tenu !
❷ Tu n'as pas l'étoffe d'un(e) diplomate, on dirait. 2
❸ Tu as échoué une fois de plus…

Pénélope veut encore t'emprunter dix euros.

❶ Ah non, elle ne te les rendra pas.
❸ Refuser, c'est quand même égoïste… 2
❷ Hum, en a-t-elle vraiment besoin ? 2

Une phrase qui commence par « C'est de ta faute si… » a toutes les chances…

❷ De t'agacer en te blessant. 2
❶ De te rendre sourd(e) !
❸ D'aboutir à tes très plates excuses.

RÉSULTATS

Additionne les chiffres de tes réponses.

Plus de 20 points : coupable, forcément !

Tu ne supportes pas de peiner les autres ou pire, de les décevoir. C'est chose faite ? Tu te sens indigne de leur affection. Ils tentent de te rassurer ? Leur indulgence te paraît suspecte ou non méritée. Tu n'as pourtant aucune raison d'être aussi exigeant(e) avec toi-même, et ta responsabilité a des limites. Sachant que tu prendras tous les torts sur toi, certains en profitent d'ailleurs pour te culpabiliser. Il est temps de leur rendre ce qui leur appartient…

De 15 à 20 points : coupable ? À voir…

On te reproche quelque chose ? Te voilà prêt(e) à rectifier le tir même si tu penses, dans le fond, ne pas être vraiment en faute. Mieux vaut t'excuser pour rien que de paraître injuste ! Conciliant(e) et honnête, tu acceptes de culpabiliser, mais jusqu'à un certain point. Quand tu as l'impression que ton interlocuteur abuse, tu le lui fais savoir. D'après ton expérience, les torts sont toujours partagés !

Moins de 14 points : coupa… quoi ?

Tu as conseillé un ami, il t'a écouté(e) et provoqué une catastrophe. Qui est responsable ? Lui, pas toi. Dans ta tête, c'est très clair : chacun doit assumer ses actes. Et quand on se trompe, remâcher ses erreurs n'est qu'une perte de temps. Cette philosophie fait de toi un esprit fort, mais gare à ne pas te montrer trop dur(e) : ta sœur n'est pas juste « trop susceptible », ce sont aussi tes remarques qui la poussent à bout. Essaie de te mettre à sa place !

L'AUTO-SABOTAGE

Ne pas faire ce qui serait bon pour toi (ou faire l'inverse), ça t'arrive ? Voici l'auto-sabotage, un ennemi de la confiance en soi !

Un cercle vicieux

T'auto-saboter, c'est te minimiser à tes yeux et à ceux des autres, adopter des comportements qui t'empêchent de progresser, souvent sans même t'en rendre compte. Par exemple, ce cours de théâtre dont tu rêvais mais auquel tu as renoncé. Tu avais trop peur d'être mauvais(e) ! La peur est en effet au cœur de l'auto-sabotage : peur de ne pas avoir le niveau, d'être rejeté(e), d'échouer… Tu peux aussi avoir le sentiment de ne pas mériter des choses agréables. Ces freins te bloquent au point de préférer battre en retraite, bien que tu risques de te le reprocher par la suite. Il est même probable que ta frustration renforce ton sentiment de médiocrité. La boucle est bouclée !

Quelques raisons de l'auto-sabotage

Les messages dévalorisants

Pénible, égoïste, maladroit(e)… Les autres t'ont flanqué une étiquette peu flatteuse, et pas forcément méritée. Cette « identité » te colle si bien à la peau qu'il t'arrive même d'en rajouter dans ce rôle.

Une situation de crise

Vouloir se protéger pour ne pas souffrir, c'est légitime. Mais parfois, notre stratégie de défense se retourne contre nous et nous fait souffrir davantage. Un exemple : depuis sa rupture avec Julien, Lisa s'est juré de ne plus aimer personne. Y puisera-t-elle une consolation ? Il y a peu de chances…

Ton image de marque

Ta réputation d'ami(e) sans faille, tu y tiens. Du coup, tu t'interdis certaines attitudes qui pourraient y nuire, mais qui seraient pourtant plus fidèles à ce que tu ressens : cesser d'être « le bureau des pleurs », par exemple. Il y a un équilibre à trouver !

FICHE

ASSEZ D'AUTO-SABOTAGE !

EXERCICE 1 :
mot à mot

Écouterais-tu quelqu'un qui t'annonce « Mon avis ne vaut rien » ? Non. De même, dire « J'ai une question idiote » ou « Tu vas me trouver débile », c'est encourager les autres à t'accorder peu de valeur. Entraîne-toi à ne plus te dénigrer au quotidien !

EXERCICE 2 :
du calme sous ton crâne

Le but : contrer ta « petite voix » négative. On a tous une petite voix intérieure qui s'exprime à tout bout de champ. Le problème, c'est quand elle nous étouffe sous le négatif. Voici quelques parades.

❶ Prends conscience que ce n'est que cette voix qui s'exprime, et qu'elle ne détient pas la vérité. Pour la remettre à sa place, imagine-la en commentatrice d'un match de foot dont tu baisses le son. Tu peux aussi l'affubler d'un nom humoristique et t'adresser à elle : « Tiens, revoilà la Pénible ! »

❷ Écoute-la sans l'alimenter, comme tu le ferais avec une personne indésirable. L'absence de conversation a des chances de l'épuiser.

❸ Comme dans l'encadré ci-contre, « détords » ses affirmations. D'abord note tes pensées négatives, puis tourne-les de façon objective et si la situation s'y prête, cherche une solution.

Gaby ne veut pas de moi, je n'intéresse personne.

↓

Réalité : on ne peut pas plaire à tout le monde. N'empêche que d'autres personnes m'apprécient !

• • • • • • • • • • •

Si je rate le contrôle de maths, je rate mon année.

↓

Réalité : ce contrôle est important, mais il ne conditionne pas mon avenir.

↓

Action : dès ce soir, je bosse !

« Je ne suis pas ce que ma petite voix intérieure me raconte ! »

Merci à Gricha Mioche, formateur à The School of Life de Paris.

JE SUIS TIMIDE *ET* JE ME SOIGNE

Quand on te regarde, tu détournes les yeux. Quand tu prends la parole, tu bafouilles. Ta timidité te gâche la vie… Bonne nouvelle, il y a des solutions !

Toc-toc, qui frappe à la porte ?

Une boule dans le ventre, le rouge aux joues, les mains et la voix qui tremblent… Ces symptômes de la timidité te sont sûrement familiers. Et si certains timides ont envie de fuir, d'autres compensent par de l'agressivité. Nathan, par exemple, qui se fâche dès qu'on le contrarie. Différentes attitudes, un même coupable : le manque de confiance en soi qui pousse à se dévaluer. Et accrochée à lui comme des wagons à une locomotive, la peur de déranger, de n'intéresser personne, d'être mal jugé(e), incompris(e), raillé(e)…

Serial perturbateur

La timidité nous touche tous ! Tout dépend de notre état d'esprit (certains jours, on se sent fragile et d'autres, invincible), du contexte (une soirée entre amis ou une fête chez des inconnus) et de la situation à affronter. Par exemple, Pierre, plutôt sûr de lui, n'ose pas demander son chemin dans la rue. Toi, si. Alors, qui est timide ?

L'importance du regard des autres

Es-tu timide dans ta chambre, sans personne pour te voir ? Non, sans doute. Le regard des autres, c'est le « nerf de la guerre ». Les timides l'appréhendent car ils l'imaginent hostile. Pourtant, c'est loin d'être le cas. Le manque d'assurance semble plutôt touchant. C'est l'inverse qui énerve ! L'impression de sécurité est aussi fondamentale : il est plus facile de « se lâcher » auprès de personnes qui nous connaissent et nous apprécient. Comme l'enjeu est moindre, notre marge de liberté est plus grande. On peut se montrer vrai sans danger !

Timide en amour

Dès qu'un garçon ou une fille te plaît, tu perds contenance. Et si ce n'était pas réciproque ? L'inviter à une sortie ou simplement lui parler te terrifie. Il (elle) te semble tellement hors d'atteinte… Attention à ne pas l'idéaliser ! Lui (elle) aussi a ses défauts, et rien ne dit que tu les apprécieras. Laisse-toi le temps d'en juger.

Ta « cible » peut également cacher ses sentiments sous de l'indifférence ou de grands airs. Observe sa gestuelle et ses regards, ils en disent souvent plus long que les mots. Tu lui plais ? Envoie-lui des signaux (salut de la tête, sourire, regards) pour l'encourager à t'aborder. Mais si elle est aussi timide que toi, ce petit jeu risque de s'éterniser... Faire le premier pas, c'est parfois nécessaire.

Les écueils d'un 1er rendez-vous

Vouloir briller à tout prix ou te fermer comme une huître. Manquer de conversation, trembler, bafouiller, ce n'est pas la fin du monde. Respire, vous êtes là pour passer un bon moment. Si vous ne vous plaisiez pas un peu, vous seriez ailleurs !

Ne plus piquer de fard, c'est possible ?

Non, mais tu peux annoncer d'emblée « Attention, je vais rougir ! ». L'humour aide à dédramatiser des situations qui n'ont en fait rien de dramatique. Tout le monde rougit, et beaucoup de gens trouvent ça charmant.

Quand tu vires tomate, ne focalise pas ton attention sur le regard des autres (« L'ont-ils remarqué ? Qu'en pensent-ils ? »), mais sur ton environnement ou ton interlocuteur. Si ça se trouve, c'est lui qui va rougir !

10 TRUCS ANTI-TIMIDITÉ

Pour conjuguer *être timide* au passé, voici le mode d'emploi.

❶ Chasse la honte

Avoue-toi timide sans (presque) rougir. Le nombre de gens qui te répondront « Moi aussi ! » te surprendra. Parions même qu'ils trouveront ta franchise très sympathique et salueront ton courage.

❷ Connais-toi toi-même

Papier et crayon en main, réfléchis. Quelles situations crains-tu le plus ? Qu'ont-elles en commun ? Tes conclusions t'aideront à orienter tes efforts. Tu peux par exemple découvrir que ta crainte majeure, c'est d'aller vers les autres. En effet, une fois la glace brisée, ton appréhension s'estompe. Tu vois ce qu'il te reste à faire !

❸ Un peu de méthode Coué

Dope-toi à coups de messages positifs : « Je mérite qu'on m'écoute », « Je vais y arriver ». Pourquoi en douterais-tu, d'abord ?

❹ Prends conscience de ta valeur

Ton identité ne se résume pas à *timide*, elle est bien plus riche et complexe. Tu es cet(te) ado fan de rock, de mode ou de sport, qui improvise des chansons à pleurer de rire. À toi de compléter la liste de tes petits et grands talents, puis de la diffuser autour de toi. Avec subtilité, bien sûr.

« Je suis timide, et alors ? »

5 Pas d'idéalisation !

Les autres te paraissent plus intéressants que toi ? Ce n'est qu'une vue de l'esprit. Observe-les, écoute-les *vraiment*. Eux aussi disent des bêtises, se trompent, racontent des blagues nulles… et ça ne les empêche pas de parler ! En un mot, ils sont humains. Comme toi.

6 Cultive tes hobbies

Et si tu t'inscrivais à un cours de chant, de théâtre ou de yoga ? Tu apprendrais à contrôler ta respiration, à poser ta voix, à mieux « habiter » ton corps. Tout bénéfice !

7 La surinterprétation, ton ennemie

Un travers des timides : l'exagération. Si on ne te dit pas bonjour, c'est qu'on t'ignore. Si on ne sollicite pas ton opinion, c'est que tu es stupide… Pas si vite ! La vérité est souvent plus plate : le monde n'a pas les yeux rivés sur toi. Ouf.

8 À bas les fausses excuses !

Quand on te propose une sortie, ne prétexte plus un manque de temps, mais demande à inviter aussi un(e) ami(e). Sa présence te rassurera.

9 Cherche du renfort

Autour de toi, il y a sûrement d'anciens timides. Ta tante préférée, par exemple. Cuisine-la sur ses petites recettes. Comment a-t-elle pris confiance en elle ? Si ta timidité est trop handicapante, confie-toi à un professionnel (médecin, psychologue).

10 Lance-toi des défis

Plus tu t'exposeras à une situation que tu redoutes, plus ton stress diminuera. Commence par des défis sans enjeu : demander l'heure dans la rue, bavarder avec un commerçant… C'est fait ? Corse la difficulté en te félicitant à chaque réussite. Les « ratés » ne comptent pas ! À toi de jouer !

Timides et célèbres

Emma Watson, Beyoncé et bien d'autres stars l'avouent volontiers : elles sont timides, voire introverties ! Cela ne les empêche pas d'avoir une brillante carrière. Apprivoisée, la timidité n'est pas un frein à la réussite.

COMMENT ALLER VERS LES AUTRES ?

Aborder une personne ou un groupe, ce n'est pas si compliqué quand on sait s'y prendre. Au jeu des 7 erreurs, adopte la bonne parade !

Erreur n° 1 :
attendre qu'on vienne te chercher

Posté(e) en retrait, tu espères qu'une bonne âme captera ton SOS. Raté ! Ton attente s'éternise et avec elle, ta frustration. Tu es donc invisible ? Pour le moment, oui.

La parade : l'action

Repère ton alter ego : même look ou même timidité, il sera ton prochain allié. Pour infiltrer un groupe, rapproche-toi de la personne a priori la plus accessible. Ce sera elle ton « ticket d'entrée ».

Erreur n° 2 :
te sous-estimer

Que peux-tu apporter à ces gens qui n'ont pas *besoin* de toi ? En partant de ce principe, pas grand-chose…

La parade : le regonflage d'ego

As-tu déjà oublié tes qualités ? Tu es sympa, drôle, et modeste en prime. Ces gens n'ont peut-être pas besoin de toi, mais les rencontres élargissent les horizons. Sinon, tant pis… pour eux.

Erreur n° 3 :
jouer les inaccessibles

Faire comme si tu adorais ta solitude, voilà ton moyen de défense. On ne t'accusera pas de quémander de l'attention ! Problème : de l'avis général, tu n'as besoin de personne.

La parade : l'ouverture

Quand tu arrives quelque part, souris, dis bonjour et présente-toi. Attention aux postures corporelles fermées (tête baissée, épaules rentrées) qui découragent toute approche.

Erreur n° 4 :
tenter d'impressionner

De peur qu'on ne te trouve fade, tu en rajoutes. Tu as plein de baskets collector, tes amis sont des stars… Les autres te traitent de vantard(e) quand ils ne t'invitent pas à retourner « voir tes copains célèbres ».

La parade : le naturel

Dire des banalités ne te rend pas bête, c'est juste une façon de briser la glace. Ensuite, tu auras tout le loisir de t'exprimer !

Erreur n° 5 :
critiquer

L'humour pour mettre les rieurs dans ta poche, pourquoi pas, mais le tien est sans pitié. Malaise dans les rangs. Qui sera ta prochaine victime ?

La parade : la bienveillance

Évite de démarrer une conversation sur du négatif pour ne pas « casser » l'ambiance. Quant à tes interlocuteurs, valorise-les.

Erreur n° 6 :
ne pas alimenter la conversation

« Tu es nouveau au collège ? » « Oui. » « C'est dur, non ? » « Non. » Et sinon ? Rien. Merci, au revoir !

La parade : communiquer

Une discussion, c'est comme un match de tennis, il faut se renvoyer la balle. Parle un peu de toi et pose des questions. Paraître agréable aux autres, c'est leur manifester de l'intérêt !

Erreur n° 7 :
celle que tu as toi-même observée.

……………………………………………………

Quelle est sa parade ?

……………………………………………………

……………………………………………………

Une question de distances

- **La distance intime (moins de 45 cm)** est réservée aux amoureux et aux amis proches. Déconseillé de t'y aventurer sans invitation !

- **La distance personnelle (45-120 cm)** permet des discussions intimes sans contact physique. Bras écartés, tu obtiens ton « espace de sécurité ». T'imposer dans celui de quelqu'un peut revenir à l'agresser.

- **La distance sociale (120-360 cm)** est observée en réunion. Te tenir aussi loin des autres, c'est ne pas paraître intéressé(e).

- **La distance publique (plus de 360 cm)** sépare un groupe d'un individu. La foule d'un chanteur sur scène, par exemple.

AU SECOURS, JE SUIS RIDICULE !

**Le ridicule ne tue pas,
mais il blesse profondément.
Notre image en prend un coup !
Et si on relativisait ?**

Le ridicule, c'est relatif

Craindre le ridicule, c'est surtout craindre le jugement des autres. Si tu leur réponds de travers ou te comportes en « *idiot(e)* », ils seront sans pitié, penses-tu. Peut-être, mais le ridicule est surtout une affaire de contexte et d'appréciation. Voici quelques exemples pour t'en persuader.

• Un chef de bande décrète une attitude *ridicule*. Pourquoi ? Mystère, mais les suiveurs se le tiennent pour dit.

• Sorties d'une conversation, des phrases anodines sonnent absurdes alors qu'elles ne le sont pas. Ton « Je n'ai pas le temps ! » quand Yann t'a invitée au cinéma, par exemple. C'était la vérité mais lui l'a prise pour une excuse qu'il répète sur tous les tons pour te taquiner…

• Le chanteur que Lili trouve *génial*, ses parents le jugent *grotesque*. Qui a raison ? Personne.

Conclusion : nous avons chacun notre petite idée du ridicule. Inutile de l'imposer aux autres !

En matière de mode,
ce qui fut le top à une époque paraît ridicule à une autre, comme les cols *pelle à tarte* des années 70.
Mais si la tendance revient, le ridicule serait… de ne pas en porter.

Une peur utile

La crainte du ridicule nous pousse à faire preuve d'intelligence sociale. Une personne sans aucun filtre se montrerait prétentieuse et odieuse, au mépris des autres et de l'image qu'elle renvoie. L'ennui serait que cette peur gouverne ta vie, mais le ridicule, c'est comme le rhume : personne n'y échappe et tout le monde s'en remet !

En cas de honte...

Ris de toi-même avant que les autres ne s'en chargent. Avec de l'à-propos, il est même possible de retourner la situation en ta faveur. Tu trébuches sur un tapis de gym ? Roule sur le sol et enchaîne avec trois abdos, comme si de rien n'était ! Dans tous les cas, relativise la portée de ta déconfiture. Si ça se trouve, elle est passée inaperçue.

VIVE LES CRITIQUES !

Être critiqué revient à être pris en flagrant délit d'imperfection. Personne n'aime ça ! Pourtant, les critiques ne sont pas toutes négatives...

ACCEPTER LES CRITIQUES en 4 étapes

❶ Écouter jusqu'au bout
Dès qu'on te critique, tu te braques. Mais si tu laissais ton interlocuteur aller au bout de sa pensée ? Peut-être ne veut-il pas t'enfoncer, mais t'aider. Ne réponds pas trop vite !

❷ Faire la part des choses
Exposé(e) à la critique, tu te persuades que tu ne vaux rien. Erreur ! Te faire une remarque ne signifie pas te condamner toi, en tant que personne. Tu peux être à la fois susceptible *et* sympathique !

Les critiques gratuites et méchantes,

ignore-les ou balaye-les d'un « Et tu proposes quoi, alors ? ». Elles viennent souvent de gens qui projettent sur toi leur propre insécurité. Leurs « Tu ne vaux rien » ne reflètent souvent que ce qu'ils pensent d'eux-mêmes...

❸ Réparer
On te reproche à raison d'avoir mal agi ? Excuse-toi. Tu éviteras ainsi à des rancunes de s'installer. Reconnaître ses torts est autant une force qu'une marque de confiance en soi.

❹ Réfléchir pour agir
Constructives, les critiques sont des invitations à progresser. Comment peux-tu les mettre à profit ? N'hésite pas à en discuter avec leurs « auteurs ». Ils ont peut-être des idées. Leur montrer que leurs propos ont fait leur chemin dans ta tête est en tout cas une belle preuve de maturité.

❺ Éclaircir si nécessaire
Si une critique continue de te perturber, tente de rouvrir le dossier. Un « J'ai réfléchi à ce que tu m'as dit, on peut en reparler ? » vaut mieux que de ruminer dans ton coin.

FORMULER UNE CRITIQUE : LA MÉTHODE DESC

La méthode DESC a été mise au point dans les années 70 par les psychologues Sharon et Gordon Bower. Grâce à elle, formule une critique de façon constructive !

D pour Décrire les faits

Décris en quoi un comportement te pose problème en te limitant aux faits.

Exemple : « Axel, tu me coupes souvent la parole. »

Attention : un « C'est insupportable ! » n'est pas un fait mais un jugement. Pour en revenir au fait, demande-toi « Qu'est-ce qui me fait penser ça ? »

E pour Exprimer ses émotions

Explique ce que ce comportement provoque chez toi (gêne, agacement…). Tes propos doivent viser le comportement en question, et non ton interlocuteur. Pour ne pas l'attaquer, emploie le « je » et non le « tu ».

Exemple : « Tu m'ennuies ! » devient « Je suis ennuyé(e), j'ai l'impression de ne rien raconter de très intéressant… »

S pour Spécifier des solutions

Comment améliorer la situation ? Propose une solution claire et réaliste. Mieux, invite ton interlocuteur à en trouver une avec toi. Il sera plus motivé pour l'appliquer !

Exemple : tu peux suggérer « Une fois que j'ai fini, je te laisse la parole et je t'écoute » et enchaîner par « Qu'en penses-tu ? Tu as une autre idée ? »

C pour Conséquences et conclusion

Exprime les inconvénients à ne pas résoudre le problème, puis les bénéfices de ta (votre) solution. L'idée : que tout le monde y trouve son compte.

Exemple : « Si ça continue, je vais me mettre à crier… Ce serait quand même mieux de discuter, non ? »

Pour une efficacité maximum

- **Entraîne-toi**, cette méthode demande un peu de pratique.
- **Prépare-toi à l'écrit** pour bien tourner tes phrases.
- **Choisis un moment propice** et parle à ton interlocuteur en privé, sans hausser le ton.

LES COMPLIMENTS ? MERCI BIEN !

« Sympa, ton blouson ! » En retour, tu n'as pu que balbutier « Ah bon, tu trouves ? ». Pourquoi ne pas accepter simplement les compliments ?

Malaise, malaise...

Zut, un compliment ! Pris(e) au dépourvu, tu ne sais pas quoi répondre et penses d'ailleurs ne pas le mériter. Ton manque d'assurance a encore frappé ! Tu peux aussi être d'accord, mais protester pour ne pas donner l'impression de te vanter. Attention, la fausse modestie passe vite pour de l'orgueil ou de l'impolitesse. Refuser un compliment, c'est comme refuser un cadeau ! Ensuite, c'est l'opinion de ton interlocuteur que tu discrédites : ce que tu lui dis, c'est qu'il a tort...

Merci (et encore !)

La meilleure réponse à un compliment ? « Merci beaucoup ! » Ajoute éventuellement « Ça me fait plaisir » et précise, si c'est vrai, que tu t'es donné du mal. Pour réussir en maths, tu as travaillé ! Sauf si tu y tiens, évite de répondre à un compliment par un autre : cela jetterait un doute sur ta sincérité.

Compliment ou flatterie ?

À la différence du compliment, la flatterie n'est pas sincère : c'est une manipulation qui vise à obtenir quelque chose de quelqu'un.

Les 3 règles du compliment

1- Sois vrai(e). Les louanges forcées, ça se sent et ça vexe. Mieux vaut t'en abstenir.

2- Reste positif(ve). « Jolie, cette coupe, parce que celle d'avant... » peut sonner comme une insulte. Telle n'est pas ton intention !

3- Adresse-toi directement à la personne. Dire à Maxime « Elle est super, Nina » alors que Nina est là, c'est un peu maladroit. Ose le lui dire dans les yeux.

MERCI

TOUS DIFFÉRENTS, TOUS AUSSI BIEN

***Comparaison n'est pas raison*, dit le proverbe. Pour t'en persuader, lis ce qui suit.**

En dessous ou au-dessus ?

Depuis l'enfance, la comparaison nous poursuit : courbe de taille, de poids, niveau scolaire… Se situe-t-on en haut, en bas ou au milieu ? Cette question-là, on se la pose souvent, et à tout propos. Selon les psys, rien d'anormal. Chacun aurait besoin d'estimer ses « performances » et ainsi, de s'attribuer une valeur. À condition de nous tirer vers le haut, la comparaison s'avère d'ailleurs bénéfique. Sinon…

Leurs trucs à eux

Noémie : « Quand je me compare à mon désavantage, je me pince le poignet. Ça me sert de rappel et j'arrête. »

Anna : « Je repense aux compliments qu'on m'a faits. Ils me rendent plus forte. »

De l'empathie, SVP !

Le grand écart ? Facile avec ta souplesse ! Lucile, elle, n'y arrive pas, et ses tentatives maladroites te font sourire. Pas très sympa. À sa place, comment te sentirais-tu ? Offre-lui plutôt ce que tu as de meilleur : ta compréhension et ton aide.

Les 3 types de comparaisons

Découvre-les pour mieux comprendre ce qui se passe dans ta tête.

❶ Latérale

On se compare à une personne ou à un groupe qu'on considère identique à soi. Un athlète se comparera à un autre athlète, pas à un musicien !

Ses rôles :

- situer notre niveau (meilleur, égal ou moins bon) ;
- guider et/ou valider nos choix : on observe l'attitude (le look, les réactions…) des autres pour les imiter ou s'en démarquer ;
- conforter nos opinions : a-t-on raison de penser ceci ou cela ? On se réfère à l'avis de la majorité ou « d'experts ». Ceux qui pensent comme nous deviennent nos références ou nos alliés.

❷ Ascendante

On se compare à une personne qu'on estime supérieure à soi.

Effet négatif : nous dévaloriser, nous rendre malheureux et jaloux.

Positif : nous pousser à faire aussi bien.

❸ Descendante

On se compare à quelqu'un qu'on juge inférieur à soi.

Ses effets : se rassurer, redorer son image, briller un peu. Agréable, mais la dose homéopathique est recommandée ! Sinon, gare à l'étiquette de vantard ou « sans pitié » envers les plus faibles…

Pour moins te comparer à ton désavantage

- **Prends conscience** que tu le fais, c'est le premier pas pour dire stop.
- **Valorise-toi à tes propres yeux**. Sofia te surclasse à l'oral mais à l'écrit, c'est toi qui lui donnes un coup de main. À chacun ses forces !
- **Compare-toi… à toi-même**. L'essentiel n'est pas de « dominer » les autres, mais de progresser. Fais le bilan de ce que tu as appris et réalisé cette année !

Dépréciation, attention !

Marine a plus de succès que toi, Enzo plus de style… Voilà de quoi te faire souffrir et alimenter ton insécurité. L'idéal serait d'être comme eux ! Vraiment ? Focalisé(e) sur le négatif, tu en oublies le reste, à commencer par tes points forts. Ils ne suffisent pas toujours ? C'est désagréable, oui, mais pas si grave. Des gens qui te surpassent dans un domaine, il y en aura forcément (et vice-versa). La vie n'est pas une compétition à gagner. Chacun avance avec ses atouts !

MA DIFFÉRENCE, TOUJOURS UNE CHANCE ?

Accident, maladie, handicap... Tu te sens à part ? Comment traverser l'adolescence en assumant sa différence ?

Entre le visible et l'invisible

Visibles telle la cicatrice d'Harry Potter, ou invisibles, tes marques, ta maladie, ton handicap t'accompagnent au quotidien. Difficile de faire comprendre ta différence aux autres. Difficile, aussi, de leur cacher que tu y penses sans cesse... Tu en as assez de la pitié, des regards, des moqueries ou même de la surprotection de tes parents. Ce que tu voudrais, c'est être comme tout le monde, avec les mêmes capacités.

Des pistes pour aller mieux

- **En parler** : donner le change peut être très lourd à porter. Quel que soit ton problème, parles-en à ton entourage médical, familial, scolaire. Des solutions, des aménagements peuvent t'être proposés pour t'aider.
- **Relativiser** : ton corps ne se résume pas à ton problème. Il est un ensemble et toi, une personne entière. Maladie ou pas.
- **Déléguer les mises au point** : et si ton prof principal expliquait ton handicap à la classe ? Les moqueries sont souvent dues à l'ignorance et à la peur.
- **Te lancer** : rencontre des gens, valides ou non valides. Parmi eux se trouvent peut-être tes futurs amis... et toute ta place.

Même sans handicap, certains ados éprouvent un sentiment d'étrangeté, de différence, parfois focalisé sur une partie de leur corps.

Ta différence, ton histoire

Les marques que porte ton corps font partie de ton histoire, voire de ton identité. Tu as par exemple dû lutter pied à pied contre une maladie grave. Il y a de quoi être fier ! Quant à ta tache de naissance, c'est « l'empreinte génétique » de ta famille. Elle te relie à un clan, une lignée.

Face au handicap

Malaise, gêne, pitié… Face au handicap, tu ne sais pas comment te comporter? Le mieux : rester toi-même et garder ta spontanéité. Ne calcule pas tous tes mots et, sans ignorer ses particularités, dis-toi que cette personne est comme toi : soucis, joies, peines… Et si vous deux aviez une foule de choses en commun?

JE SUIS EXCLU(E)

N'avoir de place nulle part, se sentir pestiféré(e) et en venir à se détester... C'est ça l'exclusion. Tu en es victime ? Vite, du renfort !

Être maintenu(e) à l'écart

L'exclusion a souvent la même origine que les moqueries ou le harcèlement : la différence. Quelque chose en nous dérange les autres, les fait rire ou les effraie… Ou les trois à la fois. Nom de famille, couleur de la peau, poids… Tous les prétextes sont bons, et rarement fondés. Au mieux, l'exclusion est temporaire et prend fin, par exemple, en même temps que l'année scolaire. Au pire, elle s'éternise ou se reproduit où qu'on aille. Voilà qui nous blesse encore plus, car on se sent incapable de s'adapter et de remédier à la situation.

Exclusion et phase d'observation

Avant de t'accueillir, certaines bandes voudront t'observer, voire te tester : as-tu le « bon » style ? Comment réagis-tu à la plaisanterie ? Cette attitude est inconfortable, mais compréhensible. Gagner la confiance d'un groupe très uni prend du temps.

Exclure les autres, ça t'arrive ? Ou préfères-tu, à l'occasion, détourner les yeux ? Stop. C'est le moment de retrousser tes manches pour tendre la main ! Si on t'envoie bouler, insiste en douceur. Pour un « ancien exclu », difficile d'accorder sa confiance...

Seul(e) contre tous

Injuste, ton rejet ? Oui, mais ainsi tes « bourreaux » se croient plus forts ou plus malins. Pense à ces petits chefs que peu d'élèves osent contrarier ! Leur emboîter le pas, parfois à contrecœur, revient à se donner un genre ou à éviter les ennuis. Puis un ennemi commun, ça soude un groupe... au point que si l'ennemi disparaît, sa belle cohésion peut voler en éclats.

Exclusion = épreuve

Ses composantes ? Stress, angoisses, symptômes physiques type ventre noué, certitude d'être transparent, minable, voire chute des résultats scolaires... Puisque personne ne veut de toi, à quoi bon exister ? Pour un peu, tu donnerais même raison à ceux qui te rejettent, car toi aussi, tu te détestes ! De quoi rentrer dans ta coquille ou exploser... Ce qui ne fait souvent qu'aggraver le problème.

Voir le bout du tunnel

1- Rompre l'isolement. Parents, grands-parents, cousin(e)s, ami(e)s d'enfance... Des gens qui t'aiment, il y en a ! Leur parler est d'autant plus crucial que tu te crois seul(e) au monde. C'est faux.

2- Remettre les choses à l'endroit. Compliqué de prendre du recul quand on est la « tête de Turc ». Pourtant, sois-en sûr(e) : le problème ne vient pas de toi, mais des autres !

3- Te faire des alliés. Dans un groupe, un ou deux leaders mènent souvent la danse. Puis il y a la majorité silencieuse, un peu lâche ou indifférente. Repère ces « éléments neutres » et essaie de t'en rapprocher. Au pire des cas, tu auras essayé.

4- Trouve ton clan. Tu vibres pour le judo ou la poterie ? Pratique dans un club pour rencontrer tes alter ego. Une passion commune crée des liens !

5- Modifier un détail (cheveux, blouson) peut faciliter ton intégration. L'aide d'un spécialiste peut s'imposer, par exemple si tu bégaies. Besoin d'une solution plus radicale ? Changer d'environnement, de classe ou même d'école. Tu n'es pas forcément obligé(e) de te confronter à tes agresseurs. Discutes-en en famille.

Vraie ou fausse impression ?

Parfois on se sent rejeté, et d'autant plus fort qu'on a déjà été exclu. Du coup, on surinterprète les attitudes des autres. Ils se taisent sur notre passage ? Ils se paient notre tête ! Nous voilà « parano », peut-être à tort. Zen !

JALOUSIE UN JOUR, JALOUSIE TOUJOURS ?

Théo t'énerve avec son aplomb et ses airs de mannequin ! Dans la cour, il n'y en a que pour lui... Tu le détestes, tiens ! Mais pourquoi tant d'aigreur ?

Le manque de confiance en soi

Comparé(e) à Théo la star, tu te sens transparent(e). Ses qualités, tu les veux ! Mais si tu les possédais déjà ? Ou que tu en avais d'autres que lui n'a pas ? La jalousie, c'est comme une loupe qui nous fait regarder une petite partie d'une personne : son physique, son aisance, ses possessions matérielles (téléphone, vêtements…). Le reste, peut-être moins séduisant, on l'ignore. Deux parades : ouvrir notre regard à qui l'on a vraiment en face de soi, et relativiser. Théo n'est pas parfait et sa vie pas toute rose. Elle a ses hauts et ses bas, comme la tienne.

Les succès de tes amis ne t'enlèvent rien. Sois-en fier (fière) ! Et si tu profitais plutôt de leur expérience ? Canalisée, la jalousie peut devenir une source d'inspiration et d'action.

Jalousie et réseaux sociaux

Les réseaux sociaux sont une vitrine où chacun a tendance à en rajouter. Plus ça fait envie, mieux c'est ! Dans la course à l'apparence, certains vont même jusqu'à s'inventer une vie… Ne prends pas le beau décor pour argent comptant. Il te déprime ? Coupe le son, l'image et l'ordinateur.

La peur de perdre, une déclinaison du manque de confiance en soi

Depuis que ta bande fréquente Léonie de près, la jalousie te tenaille. Bientôt tu seras délaissé(e), abandonné(e), oublié(e) ! Raisonne-toi : une amitié n'exclut pas l'autre et souvent, elles se complètent. Tu as toi-même plusieurs ami(e)s qui t'apportent quelque chose d'unique. C'est leur réclamer l'exclusivité qui risque de les faire fuir.

L'effet *tout nouveau tout beau*, tu connais ? Avant de déclencher le plan anti-intrus, laisse l'enthousiasme retomber.

Jalousie en amour

Quand ton ou ta chérie regarde quelqu'un d'autre, tu te fâches. Il (elle) affirme t'aimer ? Mensonges ! Pourquoi douter à ce point de lui (d'elle) ? Une bonne explication vaut mieux qu'une dispute. À la longue, les crises lassent. Personne n'aime être étouffé… et personne n'appartient à personne.

Le sentiment d'injustice

Alors que tu te voyais en porte-parole de ta classe, Fred a été choisi. Tu bouillonnes ! Une fois ta rage retombée, demande-toi sincèrement : ne mérite-t-il pas cet honneur ? Si c'est le cas, fais contre mauvaise fortune bon cœur. Sinon, vois comment tu peux agir et si cela en vaut la peine. Ton énergie peut être mieux investie ailleurs…

Les vilains côtés de la jalousie

- **L'évitement** : il s'agit de stratégies visant à écarter un danger. S'entourer de gens qu'on juge inférieurs à soi pour « briller par contraste », par exemple.

- **La méchanceté** : Lisa pue des pieds, Hector n'est qu'un lâche… Mensonges, commérages, brimades, rumeurs, tout est bon pour ridiculiser quelqu'un ou le détruire.

- **La mise au ban** : privée de soutien, exclue ou chassée d'un groupe, une personne se voit traitée en pestiférée.

Tu es victime de tels comportements ? Ne les subis plus en silence mais confie-toi à un adulte (parent, professeur, infirmière du collège…).

AU SECOURS, ON ME HARCÈLE !

Tu vas au collège la peur au ventre ? Tu es l'objet de moqueries, de menaces ou de brimades qui sapent peu à peu ta confiance en toi ? Il faut que cela cesse !

Plusieurs visages

Moqueries, menaces, brimades, coups, racket… Le harcèlement a plusieurs visages et un seul but : faire souffrir. Maltraitée de façon répétée par un élève ou un groupe, la victime voit sa vie devenir un enfer. Elle peut se sentir d'autant plus isolée que le harcèlement reste discret ou s'exerce en cachette, à l'abri des regards.

Que dit la loi ?

Tout fait de harcèlement est passible d'un an de prison et de 15 000 euros d'amende.

L'engrenage

Quand le harcèlement commence, la plupart des victimes sont incapables de réagir. Elles éprouvent un sentiment d'injustice (« Pourquoi moi ? »), de honte si elles ne se défendent pas, et de la colère. Colère envers les harceleurs, bien sûr, mais aussi envers elles-mêmes et/ou les autres qui restent passifs. Très vite, le dégoût de soi et la peur, intense, s'installent : les victimes se renferment ou « rasent les murs » dans l'espoir que les agressions cessent. Certaines songent même au suicide. Ce n'est jamais la solution !

Pourquoi harceler?

Le harcèlement peut être un moyen de se venger, mais pose souvent la question de la différence: des cheveux roux, un bégaiement, de bonnes notes en classe... Quelque chose chez la victime dérange le harceleur, attise sa jalousie ou même l'effraie. Un garçon qui traite un autre de *tapette* peut par exemple craindre d'être homosexuel. Rares sont les tyrans bien dans leur peau! Ils utilisent la violence pour s'imposer, se rassurer et exister. Rabaisser les autres, c'est se sentir supérieur... ce qui procure un certain plaisir.

Non au harcèlement:
3020 (appel gratuit, lundi-vendredi, 9 h-18 h)
www.nonauharcelement.education.gouv.fr
Jeunes Violence Écoute:
0808 807 700 (appel anonyme)
Net Écoute: 0800 200 000 (lundi-vendredi, 9 h-19 h)
Télécharge l'appli gratuite ***Stop bashing!*** (pour IPhone ou Android).

Briser le silence

Le harcèlement s'arrête rarement tout seul. Persuadés d'avoir l'impunité, leurs auteurs continuent... Il faut les dénoncer pour te protéger toi et protéger les autres, sans attendre que la situation empire. C'est faire preuve de courage et de solidarité!

Victime ou témoin, tu peux t'adresser à:

- un adulte de ton collège (professeur, CPE, infirmière...) ou un membre de ta famille;
- un ami, qui pourra à son tour en parler à un adulte.

Donne des détails (qui a fait quoi, quel jour...) et si tu crains des représailles, dis-le. N'essaie pas de te rendre justice tout seul!

Le cyberharcèlement

SMS de menaces, profil inondé d'injures, page créée pour se moquer de toi... Tu es harcelé(e) jusque dans ta chambre, sans toujours savoir qui tire les ficelles. Et sur le Net, impossible de maîtriser la diffusion des messages!

T'en protéger:

- **Ne communique aucune donnée privée** (ville, adresse, téléphone...) à des inconnus et **garde tes mots de passe secrets**. Tu te connectes de chez un ami? Pense à te déconnecter ensuite.
- **Gère tes paramètres de confidentialité**. Par exemple, sur Facebook, limite l'accès de ton profil à tes «amis uniquement».
- **Prudence avec les photos!** N'en poste aucune susceptible d'être retournée contre toi. Une photo te gêne? Demande à la personne de l'enlever. Rappel: une photo ne doit pas être utilisée sans l'accord des personnes qui y figurent.

ON M'A QUITTÉ(E)...

C'est le choc : ton ou ta chéri(e) te quitte ! Pour un peu, tu penserais même que tu le mérites, parce que tu n'es pas assez bien ? Décryptage.

Rupture et image de soi

Dans une rupture, notre fierté en prend un coup ! On se sent rejeté et pour un peu, on s'accuse de ne pas être assez bien pour l'être aimé. Qu'il (elle) parte avec un(e) autre nous donne raison ! Si cet(te) autre nous semble mieux que nous, voilà notre confiance qui s'envole. Mais s'il (elle) nous semble moins bien, c'est sans doute pire : ne vaudrait-on vraiment rien ?

Aïe aïe aïe !

Une rupture sera d'autant plus blessante que tu as idéalisé ton ou ta chérie et que lui + toi, tu y croyais très fort. Quant à « l'abandon-surprise », quel choc ! Tu peux te reprocher de n'avoir rien vu venir ou ne pas en comprendre la raison, ce qui n'aide pas à « faire le deuil ». Et lorsque la rupture se double d'une trahison, comme un(e) ami(e) qui te pique ton amoureux(se), la perte de confiance est souvent double : tu ne crois plus en toi ni en personne.

5 conseils pour apaiser ton chagrin

- **Accepte de le vivre**. Tu pleures, tu déprimes, tu bous de colère... Laisse sortir ces émotions bien légitimes !
- **Partage ta peine**. Il n'y aucune honte à être quitté(e) ! Te confier à ceux qui sauront te soutenir, ça soulage.
- **Ne pas trop ressasser**. Au lieu de te repasser en boucle le film de votre histoire, change-toi les idées : vois des amis, sors, organise un barbecue...
- **Rappelle-toi** les moments difficiles. Quand ton ex piquait une crise, par exemple. Après une rupture, on a tendance à rosir le tableau.
- **Évite ton ex** tant que possible. Ses messages, ses cadeaux, mets-les de côté pour le moment ou fais le ménage.
- **Laisse le temps te guérir**. Peu à peu, ta souffrance s'atténuera et un jour, tu seras prêt(e) pour une nouvelle histoire, promis !

Des mois ont passé et tu déprimes toujours ? Parles-en à tes parents, peut-être as-tu besoin d'aide.

Un chemin nécessaire

C'est en général à l'adolescence qu'on découvre l'amour, et cette découverte soulève beaucoup de questions : plaît-on au sexe opposé ? C'est quoi, être amoureux(se) ? Et notre chéri(e), l'est-il (elle) ? Multiplier les conquêtes peut être un moyen de se rassurer sur son potentiel de séduction. Quant à s'enflammer très vite, se quitter pour une broutille et ressortir ensemble, c'est fréquent ! Agréables ou pénibles, toutes ces expériences te construisent et t'emmènent, pas à pas, vers la vie adulte. T'en priver serait dommage.

Les ruptures d'amitié

Certaines font plus mal qu'une rupture amoureuse ! Un ami d'enfance qui te tourne le dos, par exemple. Après avoir tout partagé avec lui, tu croyais votre amitié indestructible. Ta déception et ta peine sont immenses, tu as comme perdu une partie de toi ! Accepter ce vide réclame du temps, mais l'adieu n'est pas forcément définitif. Beaucoup d'ex-amis se retrouvent un jour pour faire la paix...

3 (très) mauvaises idées

- **Harceler ton ex**. Le (la) suivre, lui envoyer des tonnes de SMS, l'implorer de revenir... Voilà de quoi l'exaspérer et le (la) pousser à te rejeter.

- **Te venger**, car gare à l'escalade ! Puis tu pourrais bien, après, te juger mesquin(e). Et si jamais ta vengeance est un échec, tu n'en souffriras que plus.

- **T'en prendre à toi-même**. Te blesser physiquement ne fera qu'aggraver ton mal-être. La priorité ? Prendre soin de toi.

MES FAIBLESSES, JE LES AIME !

Râleur, gourmande, tête de mule... Bienvenue au pays des imparfaits ! Mais si tes imperfections n'étaient pas de si vilains défauts ?

Une affaire de contexte

Parler de *faiblesse*, c'est rarement flatteur. On sous-entend qu'il s'agit d'une insuffisance, d'un manque, d'un travers, bref, de quelque chose à corriger. Selon les circonstances, une faiblesse peut cependant se révéler une force. Démonstration : ultra-sensible, Amandine supporte mal les critiques, ce qui agace ses amis. Mais quand ils ont besoin d'écoute, cette même sensibilité leur est précieuse. Amandine a de l'empathie !

Les deux faces d'une même pièce

Connais-tu l'expression *avoir les défauts de ses qualités* ? Elle montre que séparer les deux est difficile tellement ils sont liés : la curiosité (vilain défaut !) peut se transformer en soif d'apprendre (qualité) et à l'inverse, la franchise (qualité) en brutalité (défaut). Sans compter que souvent, c'est une question d'appréciation : tandis que tes parents te jugent « panier percé », tes amis applaudissent ta générosité.

Minimisation maximum

Les multiples conquêtes de Stef te complexent. Toi, tu oses à peine aborder une fille/un garçon ! Ta conclusion : tu manques d'initiative, de courage, de charme... Te flageller n'arrangera rien, au contraire. Cherche plutôt ce qui, chez toi, est susceptible d'intéresser le sexe opposé. Ne pas te prendre au sérieux est déjà un bon point !

Accepter d'être faillible

Ton rêve est d'être le (la) meilleur(e) partout ? Renonce, c'est un cauchemar. Seul(e) dans ta tour d'ivoire, tu t'ennuierais à mourir. Puis dans certains domaines, la compétition n'a aucun sens. Avoir le plus d'amis sur Facebook, par exemple. Quantité ne signifie pas qualité ! En cas de souci, pas sûr que tes centaines d'amis virtuels se bousculeraient pour t'aider...

Mieux accepter tes faiblesses

- **Cesse de te comparer**. Tu es casanier(ère) et Margot a l'esprit d'aventure ? Ce trait de caractère ne la rend pas meilleure que toi. Vous êtes différent(e)s, voilà tout.

- **Cultive l'indulgence**, pas l'autocomplaisance. Tu n'es pas parfait(e), mais tu fais de ton mieux !

- **Ne préjuge pas de l'avis des autres**, ils acceptent souvent mieux tes faiblesses que toi-même.

Et mes gros défauts ?

À côté des « petites faiblesses », il y a les vrais défauts, comme l'égoïsme forcené. Ceux-là empoisonnent tes relations avec les autres, ternissent ton image à leurs yeux et aux tiens. Opération commando pour leur faire la peau.

- **1er pas** : la réflexion. Lesquels de tes comportements affectent autrui ? Quelles critiques reviennent à ton sujet ? Sois honnête dans tes réponses, c'est le seul moyen d'y voir clair.

- **2e pas** : l'action. Quand ton travers prend le dessus, corrige le tir. Cette part de gâteau, par exemple, laisse-la à ta petite sœur. Tes efforts peuvent te coûter, mais rien n'arrive tout cuit !

Paroles d'ados

Leïla : « Je ne supportais pas ma timidité, mais c'est elle qui a charmé mon copain. Les filles qui ne doutent de rien l'agacent. »

Arthur : « Mes faiblesses, j'en plaisante. Et ça, c'est une force ! »

TEST

COMMENT TRANSFORMER TES FAIBLESSES EN FORCES?

Tes faiblesses ne sont pas que des boulets à traîner. Elles ont également leurs bons côtés! Lesquels? Comment en faire des atouts?

Mode d'emploi: coche les propositions dans lesquelles tu te reconnais le plus.

- ✕ Petit(e), tu adorais « explorer » la chambre de tes parents et, dans la foulée, les placards de ta sœur.
- ○ Éviter les disputes n'est pas ton fort. Tu ne sais pas t'arrêter, il paraît…
- ◆ Faire tes devoirs? Demain. Vider le lave-vaisselle? Plus tard. Jouer à la console? Maintenant!
- □ Vous êtes cinq, mais il ne reste que quatre places dans la salle de cinéma. C'est toi qui restes dehors.
- ✕ Un de tes amis se comporte bizarrement. Il a beau te jurer que tout va bien, tu mènes ta petite enquête.
- ○ Admettre ses torts, c'est perdre la face. Le remède? La mauvaise foi!
- □ Il t'arrive de penser que les autres profitent de ton bon cœur.
- ◆ Ton conseil aux gens qui font des drames de rien: démarrer une carrière au théâtre, option tragédie.
- □ Tu n'as pas envie de prêter ta console à Yann, mais ça lui fait tellement plaisir…
- ○ Pour te faire changer d'avis, il faut se montrer très persuasif!
- ✕ Tu as l'occasion de lire les mails de ton (ta) chéri(e) en toute discrétion. Hum, difficile de résister.
- ◆ Tu viens de casser une pile de verres, et alors? Vous avez des gobelets en plastique!
- □ On dirait bien que les « gros services », c'est souvent à toi qu'on les demande…
- ✕ Lorsqu'une conversation s'arrête sur ton passage, tu brûles de savoir ce qu'on te dissimule.

- ○ Ta tablette, tu l'as eue à l'usure : tes bouderies et tes cris, tes parents s'en souviennent encore !
- ◆ Pour que tu ranges enfin ta chambre, tes parents t'ont menacé(e) d'envoyer un bulldozer.

Choisis une devise :

- ✕ Si le plan A échoue, il reste toutes les autres lettres de l'alphabet.
- □ Qui donne beaucoup reçoit beaucoup plus.
- ○ Seuls les coupables ont quelque chose à cacher.
- ◆ On peut rire de tout, mais pas avec tout le monde.

RÉSULTATS

Totalise tes symboles.

Max de □ : l'extrême gentillesse
« J'ai besoin de toi », « s'il te plaît »… Voilà les mots magiques qui ont raison de ta volonté. Tu ne sais pas, tu ne peux pas refuser ce qu'on te demande ! Faire plaisir est ton plaisir, et tu détestes les conflits. Tant pis pour cette petite voix qui te souffle que dans certains cas, tu es « la bonne poire »…

Les bons côtés

- **Ta générosité** : ce que tu as, tu le partages sans compter. Tu te ruinerais pour offrir à un ami le cadeau de ses rêves. Ta satisfaction est à ce prix !
- **Ton altruisme** : un monde où chacun ne penserait qu'à soi te fait horreur. Toi, tu défends les intérêts des autres ! Cette volonté de justice est remarquable, à condition qu'elle ne te pousse pas à te sacrifier. Le bonheur du voisin ne doit pas nuire au tien.

Ton allié pour en tirer parti : le sens de la mesure. D'une part, l'extrême générosité peut embarrasser : les autres se sentent incapables de rendre la pareille. D'autre part, ose refuser les demandes qui te coûtent. Dire *non*, c'est donner plus de poids à tes *oui*.

Max de ✕ : la curiosité
Qui sort avec qui ? Qui fait quoi ? Qui a dit quoi ? Voilà des questions qui t'agitent ! Tu adores les secrets à une seule condition : les partager. Ce ne sont pas tes affaires ? Tant pis. Tu supportes si mal d'être tenu(e) à l'écart que tu en négliges une règle : le jardin secret des autres est privé. Comme le tien.

Les bons côtés

- **Ton sens de l'observation** : un air faussement détaché, un bref échange de regards… Alors que les autres croient donner le change, tu n'es pas dupe ! Les petits signes qui les trahissent, tu les détectes sur-le-champ. Difficile de te mentir, pas vrai ?
- **Ton esprit en éveil** : ta curiosité, c'est aussi une soif d'apprendre. Tu veux toujours en savoir plus ! Il te reste à trouver vers quels domaines orienter ton petit talent…

Ton alliée pour en tirer parti : un peu de délicatesse. On te fait comprendre que là, tu déranges ? Renonce à t'imposer. Ton insistance passerait pour de l'intrusion.

Max de ○ : l'entêtement
Quand tu as une idée en tête, tu en as une, et pas deux. Arc-bouté(e) sur tes positions, tu les défends coûte que coûte, parfois jusqu'à l'absurde. Question d'orgueil ! Sourd(e) aux conseils, tu fonces en négligeant les signaux d'alarme, et bien malin celui qui te fera rebrousser chemin. Attention, catastrophe en vue !

Les bons côtés

- **La foi en tes opinions** : personne ne te reprochera d'être « tiède » ou influençable. Tu crois en toi, c'est tant mieux et finalement bien utile pour rallier des troupes à ta cause.
- **Ta ténacité** : ne pas abandonner au premier revers est une preuve de courage. Le plus sûr moyen d'atteindre tes objectifs, aussi.

Ton alliée pour en tirer parti : l'humilité. Non, tu n'as pas toujours raison ! Il est parfois essentiel de savoir t'incliner… du moins pour le moment. Rien ne t'empêche de retenter ta chance plus tard, dans des circonstances plus favorables.

Max de ◆ : la désinvolture
Avec toi, les corvées attendront demain, les affaires perdues se rachètent et les chagrins d'amour se consolent vite. *Un de perdu, dix de retrouvés*, comme dit le proverbe. Tes parents crisent ? Tes amis te reprochent ton insensibilité, voire ton égoïsme ? Tu tombes des nues.
Mais quelle mouche les pique ?

Les bons côtés

- **Ta joie de vivre** : entre le verre à moitié vide ou à moitié plein, tu as choisi le verre rempli ! À quoi bon s'inquiéter alors qu'il suffit de profiter de l'instant présent, gratuit et tellement délicieux…
- **Ta capacité à relativiser** : la vie est assez compliquée pour ne pas, en plus, s'ajouter des problèmes. Peu sont vraiment graves, à ton avis. Lorsque quelqu'un a un souci, tu tentes toujours de dédramatiser !

Ton alliée pour en tirer parti : l'empathie. Ce qui te semble superflu peut être essentiel aux yeux de ton interlocuteur, et même lui gâcher la vie. Essaie d'envisager la situation de son point de vue.

ON M'INFLUENCE !

Être influencé(e) par les autres, quoi de plus normal ? Mais quand cette influence prend trop d'importance, ta personnalité peut en pâtir... Voici quelques pièges à éviter.

À moins d'habiter sur une île déserte, personne ne vit en vase clos ! Amis, parents, télé, radio, journaux... Toutes ces « voix extérieures » sont susceptibles d'avoir un impact sur nous, et donc sur toi. Comment t'habiller, te nourrir, te comporter ? Des influences bienveillantes et respectueuses sont plutôt bonnes à prendre, mais les autres...

Te voyant changer, tes parents s'inquiètent ?
Accepte de les écouter même s'ils te semblent exagérer. Sache aussi que la loi les rend responsables de toi.

Un frein à l'expression

Ton meilleur ami l'affirme, Dylan est stupide. Tu as beau penser l'inverse, tu te tais ou tu abondes dans son sens. Ton désaccord entraînerait ses moqueries ou nuirait à la bonne ambiance, penses-tu. Peut-être, mais s'il t'écoutait sans te juger ? Non ? Tes opinions, tes goûts, tes préférences ne valent pourtant pas moins que les siens. Tu as le droit de les partager et pourquoi pas, de l'amener à changer d'avis sur Dylan !

Pub et manipulation

Pour être heureux, achète les baskets Winner et tartine-toi de Zou !, la crème anti-acné. Effet garanti par les stars et vu à la télé ! De tels messages peuvent te faire sourire mais également orienter tes choix, parfois à ton insu. Pour te faire croire que le bonheur, c'est simple comme un téléphone dernier cri, la pub est championne ! Et l'un de ses petits secrets, c'est d'exploiter tes insécurités…

La pression du groupe

Au début, les « exploits » de ta bande t'amusaient. Semer la pagaille en cours n'est pas méchant ! Mais de fil en aiguille, te voilà mêlé(e) à des actes que tu réprouves, comme tyranniser Ruben de 6^{e}B. Le problème ? Si tu ne suis pas ton groupe, tu crains des représailles : exclusion, brimades, insultes, menaces. Le piège s'est refermé !

Développe ton esprit critique

- **Écoute les opinions contradictoires.** Elles te permettront de nuancer les tiennes, et même de changer d'avis.
- **Pose des questions.** Qui ? Pourquoi ? Comment ? N'accepte pas comme vrai un discours que tu ne comprends pas ou qui te semble illogique.
- **Examine les motivations de ton interlocuteur.** Un vendeur t'assure que ce blouson te va ? Normal, il veut que tu l'achètes !
- **Fais tes propres recherches.** Internet et les bibliothèques sont tes amis ! Et pour vérifier tes informations, croise tes sources. Beaucoup de bêtises s'écrivent sur le Net…

Résister à la pression

- **Évite l'engrenage** : en refusant de « petits » actes qui te déplaisent, tu minimises le risque d'être associé(e) à des actes plus graves.
- **Réfléchis aux conséquences.** Quels ennuis te pendent au nez ? Pas sûr que le jeu en vaille la chandelle… Expose ces risques à ton groupe s'il est réceptif.
- **Rassemble tes troupes.** Cherche qui, au sein de ta bande (ou en dehors), pense comme toi. Être plusieurs à vous opposer aura davantage de poids.
- **Projette-toi dans l'avenir.** Dans cinq ans, tes « super amis » seront peut-être sortis de ta vie. Inutile de la gâcher pour eux !

Numéros d'urgence :

- **Fil Santé Jeunes** (9 h-23 h, 7 j/7) : 0800 235 236 gratuit depuis un fixe ou un portable
- **Stop harcèlement** (9 h-18 h, du lundi au vendredi) : 0808 807 010

TEST

INFLUENÇABLE, TOI ?

As-tu assez confiance en toi pour t'affirmer face aux autres ? Mets-toi à l'épreuve en toute honnêteté.

Au collège, ton chanteur préféré est considéré comme ringard. Tu l'écoutes...

- ○ Toujours autant, mais en cachette.
- × Au compte-gouttes, en ne le trouvant plus si génial.
- □ À plein tube… et en public, tant qu'à faire.

Ta bande se moque de Charlotte, une fille que tu apprécies.

- □ Tu prends immédiatement sa défense, non mais !
- × Tu y ajoutes ton grain de sel, quitte à t'excuser ensuite.
- ○ Très gêné(e), tu écoutes sans participer.

La coque de ton portable est usée. Un vendeur te pousse à la remplacer au plus vite.

- × Tu lui fais confiance, c'est lui le spécialiste.
- □ Pour une dépense pareille, il est surtout urgent d'attendre !
- ○ Tu demandes l'avis de Lulu, l'ami qui t'accompagne.

Tous les élèves de terminale ont adopté les bottes fourrées.

- × Et toi aussi, dans la foulée.
- ○ Et toi peut-être, si elles tiennent vraiment chaud.
- □ Et toi, tu ricanes en les traitant de moutons.

Tes coéquipiers de basket ont la « brillante idée » de parfumer les vestiaires à la boule puante.

- □ Qu'ils te préviennent avant pour que tu sois loin !
- ○ Si ça les amuse, mais tu les regardes…
- × Qui va s'en charger ? Toi ? Euh… D'accord.

À la télé, les stars le jurent : la crème Beauty, ça les rend belles !

- × Tu n'as qu'une hâte : l'essayer.
- ○ C'est de la pub, oui, mais pas forcément des mensonges.
- □ Si la beauté dépendait d'une crème miracle, ça se saurait !

Un directeur de casting cherche un(e) ado qui te ressemble. Tu as très envie de te présenter… sauf que, de l'opinion générale, tu n'as aucune chance.

- × Les autres ont raison, autant ne pas te déplacer.
- □ Et pourquoi, d'abord ? Ils sont trop pessimistes !
- ○ Ils ont presque réussi à te décourager, dis donc.

Quelqu'un pourrait facilement te faire changer d'avis…

- × En te faisant les yeux doux.
- ○ En jouant sur ta corde sensible.
- □ En te démontrant par A + B que tu trompes.

RÉSULTATS

Totalise tes symboles.

Max de □ : confiance en béton

Suivre la mode, ta bande ou quiconque les yeux fermés te paraît dangereux. Tes yeux, tu les gardes bien ouverts pour voir où tu vas ! Peu sensible à ce que font et disent les autres, tu assumes tes choix, même impopulaires. Et avec toi, l'insistance ne paye pas : loin de te convaincre, elle éveille ta méfiance. Si tu as raison d'être vigilant(e), ne ferme pas tes oreilles pour autant. Certains conseils sont judicieux !

Max de ○ : confiance en verre

Tu as tes goûts, tes opinions, ta personnalité… bref, tu es toi autant que possible, et non un « mouton » collé à son troupeau. Cela dit, il t'arrive aussi de lui emboîter le pas. Tu peux te tromper et la majorité avoir raison, après tout. Quand tu hésites sur la marche à suivre, interroge-toi : de quoi as-tu vraiment envie ? Qu'est-ce qui te paraît juste ? Qu'est-ce qui est bon pour toi (et les autres) ?

Max de × : confiance en coton

Tu aimerais bien mais pas sûr, ça dépend, faut réfléchir… Au fond de toi, tu sais peut-être ce que tu veux mais quand les autres s'en mêlent, ça t'emmêle. Ou tu n'oses pas les « envoyer sur les roses ». Ou tu crains leurs réactions pas toujours sympas. Te joindre au mouvement te semble moins risqué ! Il t'arrive de le regretter ou d'avoir la désagréable impression de ne plus vraiment maîtriser ta vie. Et si tu t'affirmais un peu plus ?

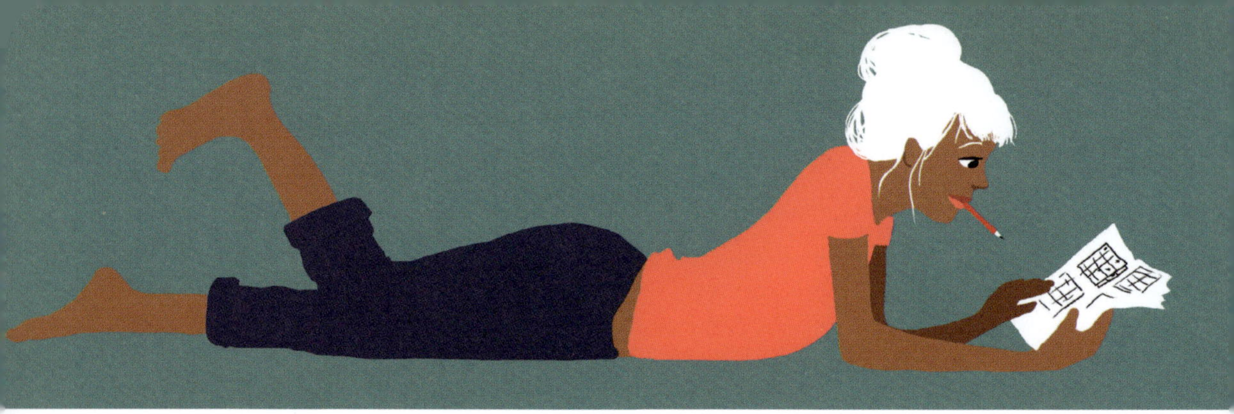

SUIS-JE TROP BÊTE ?

Ce problème de géométrie, Louis l'a résolu en cinq minutes alors que toi, tu t'arraches les cheveux... La conclusion s'impose : tu es bête. Pas si vite !

La mesure de la performance

Réussir à l'école, c'est fournir ce que l'on attend de toi : comprendre les consignes, les appliquer et répondre juste. Tes performances sont en général évaluées par des notes. Mais un chiffre, même décourageant, n'a rien à voir avec l'intelligence : il t'informe juste sur tes acquis et le travail qu'il te reste à accomplir. N'oublie pas que de « mauvais » élèves peuvent exceller là où les meilleurs échouent ! Des exemples ? Noah « le cancre » a vite assemblé un meuble en kit alors que Tom « le petit génie » bataille encore avec les vis...

L'intelligence, c'est quoi ?

Bonne question ! Les spécialistes ne sont pas d'accord, sauf sur un point : il n'y a pas qu'une seule forme d'intelligence, mais plusieurs. Parmi elles, l'*intelligence logique* valorisée à l'école ; l'*intelligence pratique* qui permet de résoudre des problèmes concrets ; l'*intelligence créative* qui fait intervenir l'imagination... Chacun de nous a ses domaines de prédilection : tu peux écrire de sublimes poèmes et n'avoir aucun sens de l'organisation !

Rapidité n'est pas synonyme d'**intelligence.** Pour assimiler des connaissances, à chacun son rythme ! Mieux vaut comprendre « en profondeur » et ne rien oublier que l'inverse.

Une matière grise à développer

Chacun naîtrait avec un « capital intelligence » mais heureusement, il ne fait pas tout. L'environnement jouerait un rôle décisif : un enfant stimulé par ses parents développerait davantage ses capacités d'apprentissage, de réflexion… Ce qui est sûr ? L'intelligence est comme un muscle, elle se travaille, et si possible dans la bonne humeur. À toi les jeux de stratégie, les puzzles géants et les sudokus !

« **La bêtise, c'est la décontraction de l'intelligence.** »

(Woody Allen)

L'intelligence est aussi la capacité à « sortir du cadre », à innover. Pense aux *idées de génie*, parfois toutes simples mais révolutionnaires.

Le quotient intellectuel (QI)

Les tests de QI pour « mesurer l'intelligence », tu en as entendu parler ? Ils se composent d'exercices variés (suites logiques…) qui aboutissent à un nombre de points. L'intelligence moyenne se situerait entre 90 et 110 points. En dessous, elle serait inférieure et au-dessus, supérieure.
Les surdoués obtiendraient, eux, plus de 130. Ces chiffres sont à prendre avec des pincettes : ils sont susceptibles de changer au cours de la vie et reflètent surtout l'intelligence abstraite.
Il en existe bien d'autres formes et toutes peuvent être améliorées…

• • • •

L'intelligence émotionnelle (IE)

Tu es capable de verbaliser ce que tu ressens, tu t'en sers pour avancer, tu es sociable, empathique ? Ton IE est sûrement élevée ! Cette forme d'intelligence permet d'identifier tes émotions et de les maîtriser chez soi comme chez les autres, puis de s'en servir pour résoudre des difficultés. C'est un peu la clé des bons rapports sociaux, et elle se cultive au quotidien !

Tes résultats scolaires ne sont pas à la hauteur de tes efforts ? Tourne la page !

TRAVAILLER SANS (ASSEZ DE) RÉSULTATS

Ton problème ? Tu n'as pas, crois-tu, le « type d'intelligence » qui permet de réussir à l'école. Mais si le problème était ailleurs ?

Problème n° 1 : le découragement

Dans ta classe, certains élèves ont des facilités. Judith, par exemple, qui démontre des théorèmes comme tu ferais des crêpes ! Toi, tu dois tellement batailler que tu te décourages…

Des pistes

- **Chercher du soutien.** Parle à ton entourage pour qu'il te remotive. Et si tu travaillais en équipe ? Réfléchir à plusieurs dans la bonne humeur, c'est plus efficace que tout(e) seul(e).
- **T'entraîner.** D'accord, la logique n'est pas ton fort, mais ton cerveau peut apprendre à raisonner d'une façon qui ne lui est pas encore naturelle. Il faut l'entraîner ! Ce sera un peu laborieux au début mais, promis, de plus en plus facile.

Soigne ta forme !

Tu manges mal, tu ne dors pas assez, tu es fatigué(e) ? Alerte rouge ! Ton hygiène de vie affecte ton humeur, ton moral, ta concentration et, dans la foulée, tes performances scolaires. Dors au minimum 9 heures par nuit, tes neurones te diront merci !

Problème n° 2 : des lacunes

L'apprentissage ressemble un peu à une maison : si elle n'a pas de fondations solides, elle s'écroule. Toi, tu as d'abord appris les tables de calcul avant de t'attaquer aux multiplications ! Mais peut-être qu'au fil des années, tu as mis de côté ou oublié ce qu'on appelle *les bases*.

Des pistes

- **Identifier ce qui te manque.** Des notions t'échappent ? Une petite remise à niveau s'impose ! En cas de « gros trous », demande du renfort (professeurs, parents, soutien scolaire, cours particuliers…).
- **Éviter de laisser filer.** Quand tu ne comprends pas en classe, pose des questions. Tu as le prof sous la main, profites-en ! Tu t'éviteras une crise plus tard, devant un « cours de chinois ».

Fais des pauses régulières (10 min/h). Au bout d'un moment, le cerveau sature.

En plein dans le mille

Doubler ta moyenne générale en un trimestre, c'est un peu ambitieux. Cible tes efforts sur une, deux, voire trois matières importantes. Sinon, tu risques de caler en route faute de progrès rapides.

Problème n° 3 : ton organisation

Tu travailles beaucoup mais surtout au dernier moment, dans l'urgence. Stressant ! Ce soir, entre un chapitre d'histoire et un exposé à boucler, tu n'es pas encore couché(e)…

Des pistes

- **Planifier.** Liste tes devoirs de la semaine pour les répartir jour par jour. Un agenda respecté = un dimanche enfin tranquille !
- **Zapper le zapping.** Faire un exercice à moitié puis enchaîner sur trois verbes anglais ? C'est génial… pour tout mélanger ! Termine ce que tu commences, tu te libéreras l'esprit pour la suite.

Problème n° 4 : ta concentration

En deux heures de « travail », tes parents ont toqué trois fois à ta porte, tu as envoyé dix SMS et posté des photos sur le Net. Te reconnecter à tes cahiers t'a pris une heure !

Des pistes

- **T'isoler.** Installe-toi au calme en demandant à ne pas être dérangé(e). Prépare tout ton matériel, assieds-toi confortablement et hop, action !
- **Éviter les distractions.** Coupe ton téléphone et Internet si tu n'en as pas besoin. Quand tu travailles, travaille vraiment.

TEST

QUELLES SONT TES VRAIES FORCES ?

Quelqu'un sans qualités, cela n'existe pas. Alors, quelles sont les tiennes ? Si tu ne le sais pas, ce test t'aidera !

Mode d'emploi : coche les propositions dans lesquelles tu te reconnais le plus.

□ Cinéma en famille. Tu as adoré le film, tes parents l'ont détesté. Un passionnant débat s'annonce !

○ Quand tes amis ont besoin d'inventer une bonne excuse, ils t'en chargent.

◆ Retour de plage. Ton frère se plaint du sable qui le gratte, ton père du frigo vide, ta mère de la chaleur. Toi, tu es juste ravi(e) d'être en vacances.

□ Tu penses blanc, Damien pense noir. Tu aimes le rap, Amélie s'en fiche. Et alors ? Voilà longtemps que vous formez un trio de choc.

× Une femme fait tomber son portefeuille dans la rue. Tu cours le lui rendre, et au galop !

○ Petit(e), tu t'ennuyais rarement : pour inventer de nouveaux jeux avec trois bouts de ficelle, tu excellais !

◆ C'est en général toi qui pousses les autres vers de nouvelles aventures.

× Finalement, Jérémy ne t'aidera pas à repeindre ta chambre. Tu lui en veux à mort, il t'avait donné sa parole !

○ Selon les autres, tu as une imagination débordante. Selon toi, tu ne fais « qu'arranger la réalité ».

◆ Un après-midi patinoire ? Formidable ! Tu vas tomber ? Encore mieux !

□ Ton cauchemar serait d'être exilé(e) sur la planète des clones, celle où tout le monde se ressemble.

○ Ton entourage l'ignore peut-être, mais tu écris des poèmes, tu dessines, tu composes des chansons…

× Quelqu'un qui t'a trahi(e) une fois recommencera. Tu le rayes aussitôt de ta liste d'amis.

◆ Tu ignores ce que l'avenir te réserve, mais tu es impatient(e) de le découvrir.

× Tu ne critiques jamais par-derrière les gens que tu aimes. Question de principe.

□ Lorsqu'un ami te tient un discours insupportable, tu te forces à l'écouter. Il a le droit de parler, on est en démocratie !

- ○ Respecter une consigne à la lettre, ça manque un peu de fantaisie…
- ◆ Mangas, danse, collections de pierres et de magnets, la liste de tes anciennes passions compte plusieurs pages.
- ✕ Tu découvres qu'un « ami » répète toutes tes confidences. L'imiter serait de bonne guerre, mais comme tu lui avais promis la discrétion…
- □ Tu essaies de prendre les gens comme ils sont, même quand ils t'énervent.

RÉSULTATS

Totalise tes symboles

Max de ✕ : ta loyauté

Ceux qui t'ont accordé leur confiance peuvent dormir sur les deux oreilles : tu feras ton maximum pour ne pas les décevoir. Ton sens moral t'interdit de leur faire faux bond, de leur mentir et surtout, de parler en l'air. Toi, tu respectes tes engagements même quand ils ne t'arrangent pas. Samedi, par exemple, tu gardes ta cousine alors qu'il y a une fête chez Quentin… Mais attention : ton « code d'honneur » marche dans les deux sens. Qu'on ne s'avise pas de mal se comporter avec toi !

C'est parfait si tu ne deviens pas intransigeant(e). N'interprète pas les « petits manquements » des autres comme des trahisons ! Agir un peu moyennement dans le feu de l'action, manquer à sa parole, voilà qui arrive à tout le monde… et même à toi.

Max de ○ : ta créativité

Une vieille boîte, trois notes de musique et un but marqué au foot ? Voilà, après ta « touche magique », un pot à crayons délirant, une symphonie et un exploit digne d'une Coupe du monde. Là où les autres ne voient que du banal, tu vois du palpitant, du drôle, du neuf ! Ta fantaisie étonne, amuse ou impressionne : tu es « l'artiste dans sa bulle », mais aussi celui ou celle qui parvient à débloquer des situations impossibles. La « solution de génie » si évidente à tes yeux n'avait effleuré personne !

C'est parfait si tu arrives à t'autodiscipliner. Avec dix idées à la minute, tu as tendance à partir sur un projet, puis un autre, puis un autre, puis à te perdre. Essaie d'aller au bout de tes réalisations. Ce serait dommage que les plus belles n'existent que dans ta tête...

Max de □ : ta tolérance

Ta devise ? La liberté de chacun s'arrête là où celle des autres commence. Sinon, c'est de l'abus ! Tu te verrais mal imposer aux autres ta volonté, tes goûts, tes opinions, bref, ta personne. Tu n'as après tout rien d'un modèle... Puis à bien y regarder, les différences sont des richesses : si tout le monde était identique, la vie manquerait de sel ! Toujours prêt(e) à élargir tes horizons, tu ne comprends pas trop les gens qui s'accrochent à leurs certitudes. Mais bien évidemment, tu les respectes.

C'est parfait si tu sais poser certaines limites. Quand des attitudes ou des propos te choquent, tu as le droit de le dire, d'y mettre fin ou simplement de t'en aller. La tolérance ne signifie pas accepter tout et n'importe quoi !

Max de ◆ : ton enthousiasme

Les « jamais contents » qui ronchonnent les bras croisés, tu les fuis. Ils pourraient te saper le moral alors que tu carbures à l'optimisme ! Critiquer à tort et à travers te semble trop facile, quand ce n'est pas l'excuse idéale pour ne rien faire.
Toi, au moins, tu vas de l'avant, tu testes, tu vibres, tu te passionnes... Et quand tu tombes, tu te relèves. Même pas mal ! Tes amis adorent ta joie de vivre : là où tu passes, les ambiances moroses trépassent. Pour redonner le sourire aux grincheux, il n'y a pas mieux !

C'est parfait si ton bel entrain ne retombe pas trop vite en soufflé. Parfois victime de ton tempérament « tout feu tout flamme », tu sous-estimes les difficultés ou tu t'y brûles les ailes. Réfléchis deux minutes avant de t'emballer !

FICHE
DÉCOUVRE TES QUALITÉS CACHÉES

EXERCICE 1:
un héros du quotidien

Note tes grands et petits succès sur une feuille, puis les qualités mises en œuvre pour y parvenir (en détaillant leur rôle dans ta réussite). Tiens cette liste à jour et quand tu doutes de toi, relis-la.

« As-tu remarqué ? S'appuyer sur nos talents apporte beaucoup de plaisir ! »

Succès		Qualités
Une victoire décrochée au handball.	→	- l'esprit d'équipe pour jouer avec les autres, dans une bonne ambiance ; - de la persévérance pour m'entraîner ; - du culot quand j'ai marqué le point décisif !
Enfant, j'ai appris à nager en peu de temps.	→	- du courage pour me jeter à l'eau ; - de la concentration pour coordonner mes mouvements.

EXERCICE 2:
que de compliments !

Choisis au moins trois personnes que tu fréquentes dans des contextes différents : ton frère, ta mère, un(e) amie, un(e) camarade de sport... Demande-leur de lister cinq de tes qualités (pour leur faciliter éventuellement la tâche, demande-leur dans quelles situations ils feraient appel à toi). Compare les résultats. Quelles qualités reviennent ? Certaines te surprennent-elles ?

Mon principal défaut, mon rêve de bonheur...

Comme d'autres célébrités, l'écrivain Marcel Proust a répondu à ce questionnaire-vérité que tu peux trouver sur Internet. À ton tour ! Pense à garder ta feuille pour la relire dans quelques mois ou quelques années.

Ces multiples visions de toi t'offrent un « panorama » de ta personnalité telle que les autres la perçoivent. Mais n'oublie pas : les qualités se révèlent et se cultivent. Rien n'est figé !

SYNTHÈSE DES 2 EXERCICES :

repère les qualités les plus fréquemment citées. Ce sont tes forces. Comment peux-tu en tirer parti au quotidien ?

SECTION II

FAIRE LA PAIX AVEC MON CORPS

Trop ceci, pas assez cela... Ton reflet dans la glace serait-il ton ennemi ? D'ailleurs, sais-tu comment te mettre en valeur et te traiter avec le respect que tu mérites ? Te reconnecter avec tes sens, chasser tes complexes, te réconcilier avec ton image... Tout cela te paraît impossible ? Rassure-toi, ça ne l'est pas. Il y a des solutions. Démonstration !

LA GRANDE MÉTAMORPHOSE DE LA PUBERTÉ

Puberté et estime de soi ne font pas toujours bon ménage… Voilà du renfort pour franchir le cap !

Pourquoi la puberté ?

La puberté marque le passage de l'enfance à l'adolescence : ton corps devient peu à peu celui d'un adulte capable de porter ou de concevoir un enfant. Cette étape-clé de la vie s'étale sur plusieurs années et s'accompagne de grands bouleversements : le cerveau, le corps, l'esprit, tout y passe !

Être physiquement capable d'être père ou mère ne signifie pas que dans ta tête, tu es prêt(e). La route est encore longue !

Les changements physiques

Tu prends du poids et beaucoup de centimètres. Les garçons voient leurs muscles se développer, leurs épaules s'élargir, les filles leurs seins, leur ventre et leurs hanches s'arrondir. Des poils poussent dans la région pubienne, sur les aisselles, les jambes… Les organes sexuels externes (vulve ou testicules et verge) se développent. Les filles ont des pertes blanches puis leurs premières règles ; les garçons ont des érections qui mènent à une éjaculation (du sperme qui sort du pénis).

La voix chute dans les graves. C'est la *mue*, parfois mal vécue par les garçons, car leur voix « déraille ».

Peau et cheveux deviennent plus gras. Cela peut causer de l'*acné*, c'est-à-dire des boutons.

La transpiration se fait plus abondante et odorante, surtout au niveau du pubis et des aisselles : l'odeur corporelle s'affirme !

En moyenne, les filles démarrent leur puberté à 10-11 ans, les garçons à 12 ans. Mais chacun est différent ! Pour plus d'information, **http://www.filsantejeunes.com/mon-corps**

La puberté, une réaction en chaîne

Tout commence dans l'*hypothalamus*, une région de ton cerveau. Elle commande à une glande, l'*hypophyse*, de « réveiller » les organes sexuels (ovaires chez les filles ou testicules chez les garçons) qui produisent alors des hormones : essentiellement *testostérone* chez les garçons, *œstrogènes* et *progestérone* chez les filles.

D'un côté tu peux trouver tes parents autoritaires et de l'autre, craindre qu'ils ne te protègent plus. De leur côté aussi, ils peuvent se sentir perdus... Et si vous en parliez ?

Les changements psychologiques

Ne plus se reconnaître

Des poils, des seins... Pas évident de t'habituer à un corps qui ne te satisfait pas toujours. Tu peux te sentir maladroit(e), disgracieux(se), ou souffrir de trop attirer l'attention. C'est le cas de certaines filles, gênées par les regards qui se posent sur elles. T'habituer à ton « nouveau toi » prend un peu de temps !

Un déluge d'émotions

Dans ta tête, c'est un peu la pagaille. Il t'arrive même de ne plus te comprendre. Pourquoi ces sautes d'humeur, ces colères ? Tes émotions jouent au yoyo ! Laisse-toi le temps de les apprivoiser sans trop stresser. « Se chercher » à la puberté, c'est normal.

Un besoin d'autonomie

L'autorité de tes parents peut te peser et vos conflits se multiplier. Tu aimerais vivre tes propres expériences quitte à prendre des risques, comme monter sur un scooter sans casque. Attention à ne pas te mettre en danger. Discute tant que possible avec tes proches, ils ont été ados avant toi !

Davantage de désir

Ton regard sur l'autre sexe évolue : te voilà troublé(e) par les filles/les garçons, par un regard, un frôlement... Tu peux faire des rêves érotiques et, si tu es un garçon, avoir des éjaculations en dormant. N'en aie pas honte !

PUBERTÉ… SUIS-JE NORMAL(E) ?

Certaines questions t'angoissent, mais tu n'oses pas les poser à ton entourage. Consulte cette liste !

Côté garçons

C'est normal d'avoir…

– un peu de poitrine.
Il s'agit d'un surplus de graisse qui devrait disparaître au cours de la puberté.

– des testicules de taille et/ou de hauteur différentes.
L'un peut être plus lourd que l'autre et donc « descendre » davantage.
Bon à savoir : la taille des testicules n'a rien à voir avec le plaisir sexuel ou la fertilité (c'est-à-dire la possibilité de concevoir un enfant).

Tu t'inquiètes ?
Parles-en à un médecin.

– des érections incontrôlées et des éjaculations en dormant.

– un sexe en érection pas tout à fait droit.
En cas d'érection douloureuse, mieux vaut toutefois en parler à un médecin.

– peu de poils ou, au contraire, beaucoup (épaules, dos, etc.).
La pilosité est souvent génétique. On ne la choisit pas !

Des questions ? Des angoisses ?
Fil Santé jeune : 0800 235 236
(9-23 h, anonyme et gratuit).

Une question de taille ?

Ton sexe te paraît petit par rapport à celui des autres ? Pas d'inquiétude.
1- L'érection fait grossir ta verge en longueur et en diamètre. Cette « prise de volume » varie d'un garçon à l'autre. Un pénis « modeste » au repos peut, une fois en action, égaler la taille d'un plus gros pénis.
2- Le plaisir sexuel ne dépend pas de la taille.
3- 17 cm, 20, 23… Méfie-toi des chiffres annoncés par les autres garçons. Ils exagèrent souvent.

Une personne du même sexe que toi te plaît… Es-tu homosexuel(le) ? Pas forcément, c'est encore tôt pour en juger. Fréquente à l'adolescence, une telle attirance n'est ni malsaine ni condamnable.
L'homosexualité n'est pas une maladie !

Côté filles

Conseil : tes pertes changent d'odeur, de texture, de couleur ? Ton sexe te démange ou te brûle ? Consulte un médecin, il peut s'agir d'une petite infection.

– **des règles brunes ou noires** (c'est la couleur du sang séché), accompagnées de petits caillots de sang.

– **des règles irrégulières**, car il faut le temps que ton cycle se « mette en place ».

C'est normal d'avoir...

– **un sein plus gros que l'autre.**
Aucune partie du corps n'est tout à fait symétrique. Tes seins peuvent aussi ne pas pousser à la même vitesse. Si tu complexes trop, parles-en à un médecin.

– **tes petites lèvres qui dépassent de ton sexe.**
L'une peut d'ailleurs être plus grande que l'autre.

– **des pertes blanches.**
Elles annoncent tes premières règles et t'accompagneront toute ta vie. Selon les femmes et le moment du cycle, elles sont plus ou moins abondantes, épaisses, et leur couleur peut tirer sur le jaune. Ne tente pas de t'en débarrasser en te lavant « à l'intérieur » : elles gardent ton vagin humide, préservent son équilibre et le protègent des infections.

Les règles

Chaque mois, l'utérus fabrique une muqueuse neuve pour accueillir un « œuf », un *ovule* fécondé par un *spermatozoïde*. S'il n'y a pas d'œuf, cette muqueuse est éliminée. Ce sont les règles ou *menstruations*. Elles durent de 3 à 8 jours. Un cycle *menstruel* commence au 1er jour des règles et dure 28 jours (à peu près).

- Les règles se composent surtout de sang et d'eau. **Elles ne sont pas sales** ni malodorantes si tu te laves et si tu changes régulièrement de serviette hygiénique (ou de tampon).
- **Ne te prive pas de sport!** Tu peux mettre un tampon pour aller à la piscine.
- **Tes règles sont douloureuses?** Des antidouleurs pourront te soulager (à voir avec un médecin).
- Si tu as 15 ans et toujours pas tes règles, consulte un médecin pour faire le point.

RECETTES POUR UNE PUBERTÉ RÉUSSIE

Boutons, poils et transpiration, ne les laisse plus t'embêter !

L'acné

Le *sébum*, un liquide huileux produit par les glandes sébacées, garde ta peau souple et la protège des agressions. Mais quand il en bouche les pores (les petits trous), il cause des boutons.

Que faire ?

- Te laver le visage matin et soir à l'eau et au savon doux (surgras ou adapté aux peaux à problèmes). Ne te décape pas la peau, tu augmenterais la production de sébum. Résultat : davantage d'acné !
- Ne pas percer tes boutons (risque de cicatrices) ni les tripoter. Tu « répandrais » leurs bactéries.
- Choisis des produits non comédogènes pour te maquiller et démaquille-toi chaque soir.

Si ton acné te complexe, consulte un médecin. Des traitements existent.

La transpiration

Elle régule la température de ton corps, mais voilà, elle ne sent pas la rose !

Que faire ?

- Porter des dessous en coton et en changer tous les jours. Idem pour tes vêtements.
- Prendre une douche par jour, davantage si tu as transpiré (après le sport, par exemple).
- Utiliser un déodorant.
- Appliquer du talc sous tes aisselles et tes pieds pour absorber l'excès de transpiration.
- Aérer tes chaussures et les garnir d'une semelle lavable en machine.

Les poils

Ils protégeraient la peau des irritations et « piègeraient » les odeurs – notamment les phéromones qui jouent un rôle dans l'attirance sexuelle.

Techniques d'épilation

- Faciles, mais peu durables, avec risque de repousse plus drue : la crème dépilatoire (à proscrire sur les parties intimes) et le rasoir (jamais sur le visage pour les filles !).
- Plus durable et un peu douloureuse : l'épilation à la machine ou à la cire.
- Définitive et coûteuse : le laser ou, pour quelques poils, l'épilation à l'aiguille électrique.

Tu as peu de poils ? La décoloration (prudente !) à l'eau oxygénée.

TEST

ÉCOUTES-TU TON CORPS ?

Vois-tu ton corps comme un bien précieux à ménager ? Ou, au contraire, as-tu tendance à ne pas lui faire de cadeau ? Fais le point !

6 h 45. Ton réveil te perfore les tympans.

❸ Tu fais cesser cette torture avant d'ouvrir les yeux.

❶ Tu dois être sourd(e) ou malade, tu n'entends rien.

❷ Tu tombes du lit pour te noyer sous une douche glacée.

7 h 30. Petit-déjeuner...

❷ Rapide, en compagnie de ton téléphone.

❸ À table, avec appétit et sans trop te presser.

❶ Une autre fois, tu as un devoir à boucler !

9 h. Cours de sport. Au programme ? Trois tours de stade !

❶ Tu démarres à fond de train pour semer les copains.

❷ Tu pars un peu rapidement et ça ne rate pas : un point de côté !

❸ Tu adoptes une petite foulée régulière. Un, deux, pfou pfou...

10 h. Récré. Tes amis entament une partie de ballon. Tu joues...

❸ L'arbitre, c'est le rôle idéal pour ne plus courir.

❷ Le poids mort qui se traîne sur le terrain...

❶ Le ou la championne au mépris des crampes !

12 h. Au déjeuner, un gratiné de chou-fleur...

❷ Tu zappes pour te venger sur le dessert.

❶ Tu termines au fast-food devant un triple hamburger-frites.

❸ Tu en manges la moitié. Les légumes, c'est bon pour la santé !

15 h 15. Cours d'histoire. Ta chaise tangue, la pièce tourne...

❸ Vite, à l'infirmerie !

❷ Tu t'effondres derrière ton classeur.

❶ Le remède ? Deux claques !

17 h. Retour chez toi et gros « coup de pompe ».

❶ Un verre de cola et ça repart !
❸ Tu t'allonges pour une sieste expresse.
❷ Tu t'avachis devant la télé.

22 h. Partie de jeu vidéo. Tes yeux se ferment...

❸ Autant te coucher tout de suite, tu n'es plus bon(ne) à rien.
❶ Ah non, le niveau supérieur est encore loin !
❷ Encore 10-20 minutes et tu t'arrêtes, promis.

Minuit. Tes parents te trouvent...

❷ Affalé(e) sur ton téléphone.
❶ Encore arrimé(e) à ta console.
❸ Profondément endormi(e).

RÉSULTATS

Additionne les chiffres de tes réponses.

Moins de 15 points : bip, bip, allô ?

Doté(e) d'une endurance et d'une volonté hors du commun, tu ignores superbement les besoins de ton corps. Ce que tu voudrais, c'est le plier à tes envies à toi : manger un peu n'importe quoi et garder ta belle énergie, te coucher à pas d'heure et te réveiller en forme... Le problème ? À ce rythme-là, tu vas t'écrouler. Essaie de lever le pied !

De 15 à 21 points : des parasites sur la ligne...

Les messages de ton corps ? Tu les entends d'une demi-oreille. Entre te coucher tôt et traîner devant la télé, tu as vite choisi ! Pour commencer à te ménager, tu dois vraiment te sentir à plat. Mais une fois l'alerte passée, tu retournes à tes « petites habitudes ». Allez, encore un effort : du repos, de la douceur, une meilleure alimentation... Inutile de te martyriser.

Plus de 21 points : réception 5 sur 5 !

Entre ton corps et ta tête, la liaison est excellente. Tu as en effet compris que négliger l'un, c'est négliger l'autre : être fatigué affecte le moral et un petit moral, ça fatigue... Te chouchouter au lieu de te maltraiter, voilà ta recette du bien-être. Elle fonctionne d'autant mieux que tu connais tes limites et que tu les dépasses rarement. Cultive ce bel équilibre !

JE SUIS À PLAT...

Te réveiller est un calvaire et la journée, tu te traînes. Manquerais-tu de sommeil ?

Le sommeil, ton ami

À l'adolescence, tu as besoin de dormir 9-10 heures par nuit. Rapproche-toi au maximum de cet objectif : en plus de la fatigue, le manque de sommeil entraîne des troubles de l'attention (concentration, mémorisation, etc.) et rend irritable. Tout te pèse davantage !

40 % des ados scolarisés se disent souvent fatigués. À l'adolescence, tu as sommeil de plus en plus tard. Mais comme tes cours débutent tôt, essaie de ne pas trop te décaler.

Les fauteurs de trouble

- **Les excitants** (café, thé, cola) après le milieu de l'après-midi.
- **L'exercice intense et la sieste en soirée,** mais une sieste de 15-20 minutes (pas plus !) en journée peut te remonter.
- **Les écrans** (ordinateur, console, télé) le soir. Ils émettent une lumière bleue qui retarde l'endormissement. Or, c'est la lumière qui régule notre rythme veille-sommeil.

Les parades

- **Déstresser.** Tu es sous pression ? Accorde-toi une pause assortie d'un petit plaisir (coup de fil à un ami, tri de tes photos, etc.).
- **Soigner ton nid.** Garde ta chambre fraîche, propre et bien aérée. Éteins les lumières pour dormir et allume-les à ton réveil. Même si ton lit est confortable, réserve-le pour dormir : quand tu te couches, ton cerveau comprend qu'il est temps de débrancher.
- **Créer ta routine du soir.** Par exemple : un peu de lecture, un bain et un coucher à peu près à la même heure chaque jour.

Allô, docteur ?

Consulte un médecin si :
- tu dors assez, mais manques toujours d'énergie.
- ton sommeil est troublé ou haché (cauchemars, réveils en pleine nuit sans pouvoir te rendormir).
- la déprime ou des angoisses s'installent.
- tu te sens malade (maux de tête, perte d'appétit, etc.).

JE ME TROUVE TROP GROS(SE)

Ta silhouette te chagrine ? Ton reflet te mine ? Voilà de quoi te remonter le moral.

Le culte de la minceur

Dans les magazines ou à la télé, la minceur est devenue un critère de beauté. Les mannequins sont très minces, voire maigres. Mais sauf rares exceptions, leur poids plume n'est ni sain ni normal : il est bien en dessous de la moyenne. N'empêche qu'en comparaison, ta silhouette te complexe. Tu trouves que tu as trop de fesses, de hanches, de seins et, malheur, un petit bourrelet sur le ventre !

Stop à l'obsession !

Prendre du poids pendant la puberté est inévitable. Tes « kilos en trop » n'en sont pas forcément. Tu es sûr(e) du contraire ? Patience, ils pourraient bien disparaître au fil du temps. Dans tous les cas, ne focalise pas sur tes rondeurs. Avoir des formes, surtout pour une fille, c'est naturel et même joli, à en croire les garçons. Quant à te peser tous les jours, inutile, ça ne ferait que te stresser.

« Je n'ai pas honte de mon corps ! »

L'IMC (Indice de Masse Corporelle)

L'IMC permet de calculer, à partir du poids et de la taille, la quantité de masse grasse présente dans le corps. Son résultat indique si une personne est maigre, de corpulence normale ou en surpoids. Attention, l'IMC est différent pour les adolescents et pour les adultes. Ne le calcule pas toi-même à partir d'une formule piochée sur Internet !

En surpoids ?

Le surpoids et, un cran au-dessus, l'obésité, sont dus à un excès de graisse dans le corps. Il s'agit vraiment d'excès, pas de quelques kilos superflus ! En souffrir peut provoquer un essoufflement lors d'efforts (marche, sport, etc.) et, à long terme, des problèmes de santé. Tu te sens concerné(e) ? Fais le point avec un médecin.

À BAS LES RÉGIMES !

C'est décidé, tu commences un régime ! À la clé, penses-tu, des kilos envolés et une estime de toi-même renforcée. Vraiment ?

Indispensables calories...

La chasse aux calories est ouverte ! Demain, tu déjeunes de 200 grammes de salade (26 calories) sans une cuillerée d'huile (90 calories pour 10 grammes), et rebelote au dîner. À ce train-là, tu vas t'épuiser. Les calories t'apportent en effet l'énergie dont tu as besoin pour bouger, penser, t'amuser… bref, vivre. Sans elles, tu te retrouverais à plat, comme une voiture à court d'essence.

L'essentiel ? Équilibrer ton apport calorique avec tes dépenses énergétiques. Te gaver de pizzas sans quitter ton canapé risque de nuire à ton tour de taille, oui.

La clé : ne pas manger *moins*, mais manger *mieux*. Plus tu adopteras tôt de bonnes habitudes alimentaires, plus il te sera facile de les conserver.

La santé dans ton assiette

Être en pleine croissance, ça donne faim. Et à l'adolescence, tes besoins en protéines, calcium, fer, etc., augmentent. Glucides (sucres), lipides (matières grasses), protéines, calcium, vitamines, les aliments t'apportent de quoi assurer ton bon développement. N'en exclus pas une catégorie (pâtes, beurre, viande…) sous prétexte qu'elle fait grossir. Ce n'est pas le cas et tu pourrais souffrir de

carences, c'est-à-dire de manques qui nuiraient à ta santé.

L'essentiel ? Manger de tout, équilibré et à ta faim. Tant que la portion reste raisonnable (3-4 cookies, mais pas la boîte !), aucun aliment ne t'est interdit.

5 bonnes raisons de bouder les régimes

Sans la surveillance d'un médecin, les régimes sont déconseillés à l'adolescence. Ne te lance pas dans un programme « sauvage » et/ou farfelu ! Voilà pourquoi :

1- Tu t'exposes à des carences alimentaires et à une grosse fatigue, voire à des coups de déprime.

2- Te priver, c'est frustrant, si frustrant que la nourriture peut devenir une obsession. Ah ! ce bonbon, tu en rêves ! Résultat : tu craques, tout le paquet y passe et tu culpabilises.

3- L'effet yoyo : dès l'arrêt de ton régime, tu reprendras les kilos perdus, si ce n'est davantage. Craignant de manquer à nouveau, ton corps « refait ses stocks » de graisse.

4- Plus tu suivras de régimes, plus maigrir deviendra difficile.

5- Les régimes peuvent mener à des troubles alimentaires. **Pour en savoir davantage, tourne la page.**

7 règles à suivre

- **Ne saute aucun repas.**
- **Évite les grignotages.** Et la nuit, pas de descente dans le frigo, juste un verre d'eau !
- **Mange assis(e) à table, en mâchant bien.** Tu seras plus vite rassasié(e) et tu digéreras mieux. Tu n'as plus faim ? Écoute-toi et arrête là.
- **Consomme des produits frais et variés** et prends du plaisir à manger.
- **Limite les produits industriels** type pizzas, gâteaux, chips. Ils sont très riches en gras, sel, sucres…
- **Bois de l'eau** plutôt que du soda. Une canette de cola = 7 morceaux de sucre !
- **Bouge !** Fais du sport, marche, prends l'escalier plutôt que l'ascenseur.

Pas si léger, l'allégé…

Méfie-toi des boissons, chocolats et autres aliments estampillés *light*. Certains produits allégés en matière grasse contiennent davantage de sucres qu'un produit non allégé. Au final, ils sont plus caloriques et généralement moins goûteux. L'autre piège serait d'en consommer davantage sous prétexte qu'ils aident à garder la ligne. Des études tendent d'ailleurs à prouver que sur le long terme, le *light* ferait plutôt grossir.

ANOREXIE ET BOULIMIE

Tu abuses de la nourriture ? Ou, au contraire, tu t'affames pour maigrir ? Mise au point sur les troubles du comportement alimentaire susceptibles de te « bouffer la vie ».

L'anorexie mentale

Ce trouble se traduit par une obsession de la perte de poids qui amène à se priver de nourriture. L'anorexique lutte contre la faim car, dans son esprit, manger signifie grossir. Son corps « fond » et sa santé en paie le prix : carences alimentaires, fatigue, insomnie, chute des cheveux, arrêt des règles chez les filles… Et à l'extrême, la mort ou le suicide.

L'anorexie peut s'accompagner :

- **de sport à haute dose** pour brûler les calories.
- **de l'absorption de litres de boissons** (eau, thé, etc.) comme trompe-la-faim, pour se « caler ».
- **de vomissements et de prises de laxatifs** (des médicaments anticonstipation) afin d'éliminer plus vite les aliments.
- **d'isolement social** (les repas en commun deviennent compliqués, voire impossibles).

Fil Santé Jeunes :

0800 235 236
(9 h-23 h, appel anonyme et gratuit).

Pourquoi l'anorexie ?

Des moqueries sur le poids, un régime qui tourne mal, le désir d'un corps parfait, des soucis scolaires, familiaux, etc. Les causes sont nombreuses et parfois obscures. Parmi elles, il y aurait la volonté de maîtriser son corps : contrôler sa faim reviendrait à dominer ses envies, donc à être fort(e). Se restreindre devient autant un plaisir qu'un moyen de doper une faible estime de soi.

Alerte rouge !

Tu maigris encore et encore, et alors ? Tout va bien ! Non. L'anorexie, c'est une spirale dont on sort difficilement tout(e) seul(e). Souvent, une thérapie et un suivi médical s'imposent. Cherche de l'aide et/ou accepte celle de tes proches inquiets de te voir dépérir…

La boulimie

Ce trouble se traduit par d'irrépressibles envies de manger. Une grande quantité d'aliments (en priorité gras et sucrés) est avalée très vite, sans faim ni réel plaisir. Dilaté, l'estomac devient douloureux. Afin de le soulager ou d'éviter de grossir, nombre de boulimiques se forcent à vomir. À la clé côté santé, de possibles inflammations de l'estomac et de l'œsophage et, sur le long terme, des problèmes dentaires.

Pourquoi la boulimie ?

Comme l'anorexie, la boulimie reflète souvent un manque d'estime de soi. Il y a urgence à « se remplir », car on se sent vide, mal-aimé(e), seul(e), déprimé(e)… La nourriture peut aussi être un moyen d'étouffer ses émotions, une consolation ou une protection face à des problèmes qui nous dépassent.

La boulimie peut aussi conduire à l'obésité, néfaste pour la santé.

Aller mieux

La majorité des boulimiques vivent leurs crises en cachette. Ils se reprochent de perdre le contrôle, se sentent faibles, honteux, coupables de s'être laissé aller, et en viennent à se détester. C'est ton cas ? Reprends espoir : la boulimie, on s'en sort ! La première étape est d'en parler à un adulte de confiance (parent, médecin, infirmière). Une thérapie pourra sûrement t'aider.

Souvent, les phases anorexiques et boulimiques se succèdent : trop de privations mènent à « se gaver », ce qui pousse ensuite à se priver, etc.

La boulimie se caractérise par des crises fréquentes : au moins 2 fois par semaine, pendant au minimum 3 mois. « Te goinfrer » de temps à autre ne fait pas de toi un(e) boulimique !

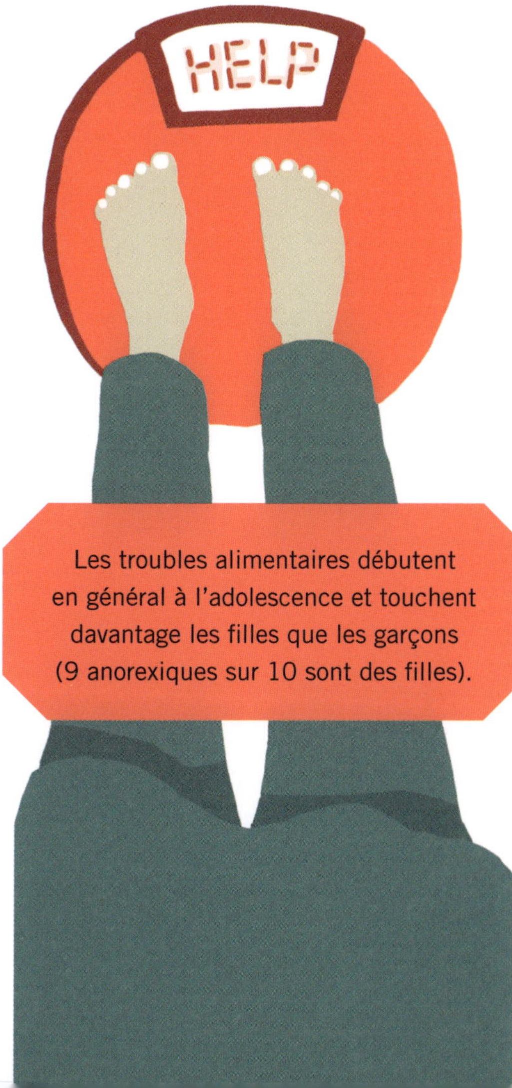

Les troubles alimentaires débutent en général à l'adolescence et touchent davantage les filles que les garçons (9 anorexiques sur 10 sont des filles).

JE ME MUTILE...

Sur tes bras, ton ventre, tes jambes, des marques de cutter. Personne ne les voit, mais toi, elles te rongent. Voici de l'aide pour t'en sortir.

L'automutilation, c'est quoi ?

C'est s'infliger des blessures sans chercher à se donner la mort. Certaines personnes se scarifient, c'est-à-dire se coupent la peau. D'autres se frappent, se mordent, s'arrachent les cheveux… Le terme d'*automutilation* est d'ailleurs inexact, car se mutiler, c'est se sectionner un organe ou un membre. Les anglophones préfèrent parler de *self-injury*, « autoblessure », ou de *self-harm*, « mal infligé à soi-même ».

J'ai trop mal dedans !

L'automutilation cache souvent un grand mal-être. Il peut venir d'une grosse déprime ou d'une faible estime de soi, d'un traumatisme (deuil, agression, etc.), d'un contexte familial perturbé (conflits, divorce)… Le chaos émotionnel est si intense que se blesser devient le moyen de reprendre le contrôle sur sa vie, de lâcher un trop-plein et de s'apaiser : la violence du geste se substitue à la parole. Pour certains, l'automutilation constitue un refuge ou un rappel : si leur chair souffre, c'est qu'ils sont bien vivants…

Un cercle vicieux

Comme la drogue, l'automutilation apporte un soulagement, mais de courte durée. Pour l'éprouver à nouveau, il faut recommencer plus souvent et/ou plus fort. C'est l'escalade : après les ongles viennent le cutter, puis les couteaux… Il y a risque de blessures graves et de cicatrices permanentes. Loin d'aller mieux, la personne se renferme sur sa souffrance. Et cette souffrance, ses cicatrices la lui rappellent sans cesse.

Aider un ami qui s'automutile

Ton ami souhaite t'en parler ? Écoute-le sans le juger, même si ses raisons t'échappent. Tu peux lui dire que tu t'inquiètes, lui changer les idées en l'invitant à sortir, lui proposer de chercher de l'aide avec toi. S'il n'est pas prêt, ne le force pas.
N'hésite pas, de ton côté, à en discuter avec un adulte. L'automutilation est un sujet perturbant.

Trouver le bon interlocuteur

- **Un adulte de confiance**. En parler à tes parents te gêne ? Pense à un proche (oncle, parrain, entraîneur de sport…) ou à un professionnel. Infirmiers scolaires et médecins sont tenus au secret médical : tout ce que tu leur confies restera secret. Mais si tu cours un réel danger, ils doivent en informer tes parents.
- **Fil Santé Jeunes** : 0800 235 236.
- Les **Points Accueil Écoute Jeunes** (PAEJ), qui offrent une écoute et un soutien gratuits aux adolescents, avec ou sans leurs parents.
- Les **Maisons Des Adolescents** (MDA) où travaillent des éducateurs, des médecins, des psychologues.

Leurs cartes en France :
http://cartosantejeunes.org/

« L'avis du psy :

Surtout, évitez de poser un ultimatum et de faire jurer à votre ami de s'arrêter. Il se sentirait d'autant plus coupable. »

La difficulté à en parler

L'automutilation se vit en général dans le secret et la solitude. Les marques sont cachées sous les vêtements ou attribuées à une maladresse, une chute. Visibles, elles peuvent se changer en appel à l'aide : l'entourage est « prié » de voir ce qu'on n'arrive pas à verbaliser, souvent par honte. Il n'y a pourtant aucune honte à aller mal ! La souffrance n'appelle pas de jugement, mais de l'empathie, du soutien et du dialogue.

LES DROGUES, CES ENNEMIES DU BIEN-ÊTRE

Elsie fume des mentholées, Oscar du cannabis et Nathan boit à l'occasion. Toi, tu es tenté(e) d'essayer. Normal de vouloir expérimenter, pas de te faire piéger !

Une fête réussie ?

Ton ami Jules roule un joint, Elsie offre une cigarette à Léo qui sirote un cocktail. « Tu en veux ? » Bonne idée. Ce soir, tu comptes bien oublier ta timidité ! Au bout d'une heure, te voilà vraiment à l'aise. Plus tard, c'est moins la joie, tu as beaucoup trop bu. Maux de tête, vertiges, nausées… Tu titubes jusqu'aux toilettes. La fête se termine là et tes parents vont détester te voir dans cet état !

La tentation des drogues

Si tes amis boivent et fument, c'est tentant de les imiter, d'autant qu'il leur arrive de te mettre la pression. Tu ne bois pas ? Tu n'es pas drôle ! Tu peux aussi penser que boire ou fumer valorisera ton image auprès des autres et calmera tes angoisses. Peut-être sur le coup, mais après ? Loin de régler les problèmes, les drogues ont surtout tendance à en rajouter…

L'association à proscrire :
pilule contraceptive et tabac.

Que dit la loi ?

La vente de drogues légales, tabac et alcool, est interdite aux mineurs. La possession et/ou l'usage de drogues illégales (cannabis, LSD, cocaïne, héroïne, etc.) sont passibles de sanctions.

Un « petit plaisir » à l'occasion ? Aucun souci !

Pas sûr. La dépendance physique et/ou psychologique s'installe vite, souvent à notre insu. De deux cigarettes par jour, on passe à cinq, puis à dix… Et en soirée, alcool obligatoire pour t'amuser ! Les risques ? Trop boire, perdre le contrôle et faire n'importe quoi (te battre, voler un scooter), te blesser ou finir à l'hôpital en coma éthylique. Pas très festif, tout ça.

Et la santé, alors ?

L'alcool abîme le foie et peut endommager le cerveau à vie. Le cannabis et ses dérivés sont susceptibles d'affecter la mémoire et la concentration, augmenter l'anxiété, causer des troubles psychologiques (crises de panique, paranoïa, etc.).

Le tabac, lui, est responsable de multiples cancers (poumons, langue, vessie, etc.), de problèmes respiratoires et cardiaques. Un fumeur sur deux décédera prématurément !

Numéros utiles

- **Fil Santé Jeunes** : 0800 235 236
Plus d'infos en tapant *drogues* et *addiction* sur *http://www.filsantejeunes.com/*
- **Drogues info service** : 0800 23 13 13 (8 h-2 h, appel gratuit)
- **CJC** (Consultation Jeunes Consommateurs), des centres pour t'aider à faire le point et rectifier le tir si besoin.
http://www.drogues-info-service.fr/Adresses-utiles

Circuit de la récompense et dépendance

Les drogues stimulent la production de *dopamine*, une hormone du plaisir, et activent dans notre cerveau le *circuit de la récompense*. C'est lui qui nous rend accros : pour éprouver le même bien-être, il faut reprendre de la drogue, puis augmenter les doses. Sinon, gare au manque ! Un arrêt ou *sevrage*, souvent avec l'aide d'un médecin, est toujours possible.

À savoir : le cerveau des ados est plus vulnérable aux addictions. Plus les drogues sont consommées jeune, plus le risque de dépendance sera élevé et l'arrêt difficile.

Les cyberdépendances, tu connais ? Jeux en ligne ou réseaux sociaux, amuse-toi sans en abuser.

Vigilance de rigueur

- **Évite de commencer**, même si tu penses pouvoir gérer.
- **Repère les situations à risque** : sorties, fêtes, petite déprime... Voilà des moments où la tentation de « consommer » est forte. Trop tard ? Oublie ton vélo et appelle pour qu'on vienne te chercher. Mieux vaut un savon qu'un accident.
- **Choisis tes amis**. La bande des « accros au pétard » n'a pas besoin de toi !

LES VIOLENCES SEXUELLES

En matière de sexe, tout le monde doit être consentant ! Si on ne l'est pas, on est victime d'une agression sexuelle ou d'un viol. Que faire ?

L'agression sexuelle

Elle s'accompagne de violence, de contrainte, de menace ou de surprise. Des exemples : quelqu'un te touche contre ton gré, te force à le caresser, à te dénuder… Un exemple de « surprise » : tu es avec ton petit ami et il fait venir un de ses copains, jusque-là caché dans une autre pièce. Le viol est un délit passible de 5 ans de prison et de 75 000 euros d'amende.

Que faire ?

En parler à tes parents ou, à défaut, à un adulte de confiance. Trop difficile ? Contacte un des numéros d'aide pour t'exprimer en toute confidentialité.

Le viol

C'est un acte de pénétration vaginale, anale (sodomie) ou orale (fellation), fait par un sexe, une main ou un objet. Il s'agit d'un crime passible de 15 ans de prison, voire plus en cas de viol commis en réunion (c'est-à-dire à plusieurs) ou accompagné de torture.

Que faire ?

Même si c'est dur, parles-en à un adulte de confiance. Si le viol vient d'avoir lieu, le mieux est d'aller à l'hôpital. Un examen médical permettra de réunir des preuves, et tu auras peut-être besoin d'une contraception d'urgence et/ou de soins. L'hôpital te remettra les certificats nécessaires pour déposer plainte.

Ne te lave pas avant d'aller à l'hôpital et prends les vêtements que tu portais lors de l'agression. Ils peuvent constituer des preuves.

Se reconstruire

Les violences sexuelles sont traumatisantes. Au choc s'ajoutent souvent la peur, la colère, la culpabilité, la honte… Certaines victimes se replient sur elles-mêmes en se croyant responsables. Non, c'est toujours l'agresseur le coupable ! Si dénoncer une agression est une épreuve, cette démarche peut aider à se libérer un peu de la souffrance, à se reconstruire. Et voir ses auteurs punis, ça soulage.

Des précisions

- **Les atteintes sexuelles** ne concernent que les mineurs de moins de 15 ans et ne comportent ni violence, ni menace, ni surprise. Il s'agit d'un délit créé pour protéger les enfants.
- La loi peut condamner **les tentatives de viol** et **les témoins d'un viol** qui n'ont pas aidé la victime (non-assistance à personne en danger).
- Les condamnations peuvent s'alourdir de **circonstances aggravantes** : victime de moins de 15 ans, agresseur qui a autorité sur elle (parent, professeur, moniteur, etc.).
- Tu peux **porter plainte des années après les faits**. Des informations ici : *http://www.filsantejeunes.com/le-viol-et-les-agressions-sexuelles-5783*

Victime ou témoin, de l'aide !

Au téléphone

- **Jeunes Violences écoute** : 0808 807 700
- **Fil Santé Jeunes** : 0800 235 236

Il s'est passé quelque chose, tu ne sais pas quoi en penser ? Appelle ces numéros pour faire le point.

Sur place :

- les **Maisons des Adolescents** (MdA) ;
- les **Points Accueil et Écoute Jeunes** (PAEJ) ;
- les **Espace Santé Jeunes** (ESJ).

Ces structures accueillent gratuitement les jeunes à partir de 11 ou 12 ans, avec ou sans leur famille, avec ou sans rendez-vous.
Consulter leurs cartes en France :
http://cartosantejeunes.org/

Tu peux porter plainte accompagné(e) de tes parents ou leur demander d'y aller à ta place. Autre option : te présenter seul(e) à la brigade de protection des mineurs.

Ton corps t'appartient. Personne, petit(e) ami(e) compris(e), n'a le droit d'en disposer contre ta volonté.

GUÉRIR DE MES BLESSURES

Comme tes os qui se ressoudent après une fracture, tu possèdes la capacité de guérir de tes blessures, grandes ou petites. Sois-en persuadé(e) !

Reconnaître pour accepter

Agression, troubles alimentaires, dépendance… Un événement, un problème peuvent affecter ton image de toi et te blesser durablement. Nier ce fait, c'est souvent te rajouter un fardeau. Et parce que tu ne veux ni le voir ni y penser, ce poids risque à la longue de t'écraser. Pour te libérer de tes blessures, il est nécessaire de les accepter, ce qui commence par reconnaître leur existence.

Mettre de côté les échelles de valeurs

Il y a certes plus grave qu'une critique méchante ! N'empêche qu'elle peut, au fil du temps, enfler jusqu'au mal-être et t'enfermer dans une spirale d'autodévaluation. Ne juge pas la cause de ta souffrance anodine, idiote ou déplacée. Tu as le droit de te dire heurté(e), peiné(e), maltraité(e), et même de demander réparation. Te taire serait te déprécier, comme si tu n'en valais pas la peine.

Certaines « cicatrices » mentales font aussi mal que les blessures physiques.

Le pardon permet à nos blessures de cicatriser alors que la culpabilité les rouvre sans cesse.

Déculpabiliser pour s'autoriser le pardon

Face à une compulsion, on a tendance à se juger faible. Et suite à une agression, responsable : « Je l'ai bien cherché, au fond ». Persuadé d'être en faute, on crée et on entretient un sentiment de culpabilité. Destructeur ! Et si, au lieu de s'accabler, on se pardonnait ? Oui, il nous arrive d'être faibles et vulnérables, mais c'est le cas de chacun… Nos « manques », nos erreurs ou ce qu'on a subi ne nous définissent pas et ne limitent pas nos vies à jamais. Nous sommes et restons des êtres à part entière, riches et complexes, dotés de raison et de ressources insoupçonnées.

Notre pépite, un trésor

Tu es ou as été boulimique, malade, harcelé(e), rejeté(e)… Même si cela te paraît incroyable, rien n'a pu entamer la pépite au fond de toi : ton « noyau dur », ta personnalité profonde, ta capacité à rêver, à rebondir. Ce trésor-là mérite toujours qu'on l'aime ! Pour t'aider à guérir, il y a ta famille, tes amis, des médecins, des soutiens psychologiques… Mais avant tout, il y a toi. Alors, laisse-toi t'aimer et laisse les autres t'aimer.

« Témoignages : ils ont guéri

Solène : « Cette force qui nous détruit, c'est… une force. Elle a besoin de sortir ! Ne la retourne pas contre toi, mais vers ce qui te fait du bien : parler, courir, écrire… »

Marie : « Pour guérir, il faut du temps ! Les rechutes font partie de la guérison, il ne faut surtout pas abandonner. » »

La résilience. C'est la capacité à se remettre d'un traumatisme (deuil, abandon, maladie, etc.), à le surmonter et se développer. Ce concept a été popularisé par Boris Cyrulnik, un psychiatre à l'histoire personnelle douloureuse.

FICHE
FAIRE LA PAIX AVEC SOI

Télécharger une appli pour t'apprécier, ce n'est qu'un rêve ? Peut-être... Mais pourquoi ne pas essayer ?

Les applis à oublier

L'appli *Juge intérieur*, cette petite voix pénible qui ne loupe aucune de tes erreurs. Et te pardonner, tu as essayé ?

L'appli *Au secours, on me juge !* qui nourrit ta crainte d'être rejeté(e). Ce qu'on va penser de toi ? Neuf fois sur dix, rien du tout !

L'appli *Plaire à tout prix* : directement connectée à ta peur de ne pas être aimé(e), elle te pousse à « entrer dans le moule ». Crois-tu qu'on t'aimera moins si tu suis ta propre voie ? Fais-toi confiance et accepte tes différences.

L'appli *Comparateur universel* : jamais satisfaite, elle est imbattable pour trouver mieux que toi. À ce tarif-là, impossible de t'apprécier !

Les applis à télécharger

L'appli *Te parler avec bonté* pour te traiter comme ton (ta) meilleur(e) ami(e).

L'appli *Inverse la vapeur* pour voir avant tout tes bons côtés. **En bonus**, l'appli ***Compliments*** qui valorise tes succès.

L'appli *Relativiser* : personne n'est parfait, tu as le droit de t'aimer tel(le) que tu es !

L'appli *T'inspirer sans te dénaturer* : copier le look branché de Camille ? Inutile. Mais sa coupe de cheveux t'a donné une idée...

L'appli *Replay* pour repenser aux bons moments. Ils font chaud au cœur et remontent le moral !

L'appli *Reconnecte avec tes sens* : la pluie sur ton visage, l'herbe sous tes pieds nus, les massages et les câlins... ne te refuse rien.

L'appli *Hop, j'y vais!* Oser, se lancer, agir, c'est LA clé de l'estime de soi.

L'appli *Félicitations* pour saluer tes petites et grandes réussites !

Alors, prêt(e) à reprogrammer
ton estime de toi ?

TEST

À QUEL POINT TE PLAIS-TU ?

Rares sont les ados satisfaits de leur apparence… Mais ils existent ! Fais-tu partie du club ?

Dans un miroir, tu vois d'abord…
- ✕ Ton beau sourire.
- ○ Les petites imperfections de ta peau.
- □ Ton grand nez, tes boutons, tes cheveux plats…

Quand tu prends des *selfies*…
- □ Tu y passes des heures et souvent, tu n'en gardes aucun.
- ✕ Tu ne te compliques pas la vie. Un beau sourire et le tour est joué !
- ○ Tu cherches LA pose qui t'avantage.

La belle Charlie affirme se trouver beaucoup de défauts. Ta réaction ?
- ○ L'incrédulité. Mais comment est-ce possible ?
- □ Le soulagement. C'est finalement une personne comme les autres.
- ✕ L'empathie. Ne pas s'aimer, c'est moche.

Plaire aux autres tient avant tout…
- □ Au physique, et voilà bien ce qui te désespère.
- ✕ À la personnalité. La beauté attire, mais il faut que le caractère suive.
- ○ À un harmonieux mélange entre la personnalité et l'apparence physique.

Une copine poste sur Internet une affreuse photo de toi :
- ✕ Tu en ris, et d'autant plus si vos amis la commentent.
- ○ Tu n'apprécies pas, c'est humiliant.
- □ Tu lui ordonnes de la retirer, et plus vite que ça !

Les mannequins qui s'affichent dans les magazines…
- ○ Titillent ta jalousie, même si tu sais leurs photos retouchées.
- □ Te dépriment… À toi le pot de glace consolateur !
- ✕ T'indiffèrent, vous n'êtes pas du même monde.

Quelqu'un qui se moque de ton physique...

- ✕ Ne mérite même pas que tu l'écoutes.
- ○ Va te mettre le moral à plat, c'est sûr.
- □ Ne fait que confirmer ce que tu penses de toi.

La chirurgie esthétique chez les ados te semble...

- ○ Exagérée, mais si le bistouri peut régler un gros complexe…
- □ Souvent justifiée. D'ailleurs, tu y songes !
- ✕ Dangereuse et dommage. C'est un peu tôt, non ?

À toi de compléter : « Miroir, mon beau miroir, dis-moi...

- ✕ Que je suis aussi bien que je me vois. »
- ○ Que je suis un peu mieux que je ne me vois. »
- □ Que je serai beaucoup mieux un jour ! »

RÉSULTATS

Totalise tes symboles.

Max de ✕ : ça va bien, merci.

Gâté(e) ou moins gâté(e) par la nature, peu importe. Tu t'acceptes comme tu es, imperfections comprises. Râler sur ton nez ou tes mollets, à quoi bon ? Tu réserves ton « capital insatisfaction » à des sujets plus importants ! Et qu'on n'essaie pas de te faire croire que la beauté, c'est la clé du bonheur ou de la confiance en soi : des gens attirants mais mal dans leur peau, tu en connais plein. Ne change rien, surtout !

Max de ○ : ça va, mais…

Tu as beau t'apprécier, ta confiance en toi joue au yoyo. La faute à des remarques pas très sympas, par exemple. Les autres ont en effet une grande influence dans ta « cote d'amour personnelle » : si leurs compliments la dopent, leurs critiques la font vite vaciller. Pourquoi leur accorder autant d'importance ? Les mauvaises langues adorent parler à tort et à travers, souvent par jalousie…

Max de □ : ça ira mieux demain !

À t'entendre, tout ou presque cloche chez toi… Serais-tu victime de moqueries stupides ? Aurais-tu en tête un modèle de beauté inaccessible ? Si tel est le cas, décomplexe : nous ne sommes pas un assemblage de « morceaux » dont chacun doit être parfait. C'est l'harmonie du tout qui compte ! Sans compter que d'ici à l'âge adulte, ton physique a bien le temps de changer. Pense à tous ces « vilains petits canards » devenus cygnes, et à toutes ces « tronches » qui font carrière au cinéma !

ADIEU MES COMPLEXES !

Tes complexes te désespèrent ? C'est le moment de les congédier pour de bon !

Une question de différence(s)

À la puberté, peu d'ados sont en paix avec eux-mêmes. Ils se voudraient différents et se comparer aux autres redouble leur mal-être. Maud, par exemple, ne rêve que de la silhouette androgyne de Zoé ! Mais la différence peut aussi se tenir entre la façon dont on se perçoit et notre physique, comme Édouard qui se sent mûr alors qu'il fait encore enfant. Pour ne rien arranger, les autres sont rarement tendres avec nos différences… Difficile, alors, de ne pas complexer !

Confiance zéro

Là où les complexes passent, l'estime de soi trépasse ! Persuadé(e) de ne rien valoir, tu te reproches d'être nul(le), moche, indigne d'amour… Cette souffrance peut te rendre agressif(ve) ou t'isoler à la façon de Joris, enfermé chez lui à cause de son acné. L'attitude inverse consiste à compenser en te sur-affirmant. C'est le cas de Mathis qui fait le pitre en permanence ou de Louise qui s'oblige à être la première partout… Nourrir un complexe n'a d'autre effet que te faire inutilement du mal !

SOS remèdes

- **Parle** pour te sentir moins seul(e). Si ça se trouve, ce qui te ronge passe inaperçu ou fait ton charme ! Tu constateras aussi que des complexes, tout le monde en a, la sublime Marine comprise… Tu souffres trop ? Parles-en à un médecin.

- **Sois patient**(e). Boutons, taille, poids… La puberté sème la pagaille, mais ouf ! elle ne dure pas. Et avec le temps vient l'estime de soi !

Lou aime son nez qui donne du caractère à son visage. Quant au grand front de Victor, c'est de famille, il en est fier ! Et si ton complexe devenait ta force ?

- **Lance-toi.** Trop maigre pour te dénuder à la plage ? Procède par étapes : mets-toi d'abord en T-shirt, puis en maillot une-pièce, etc. Tu gagneras de l'assurance et constateras que les autres n'ont pas les yeux rivés sur toi. Eux aussi ont leurs insécurités, d'ailleurs.

- **Valorise tes atouts.** Tu n'as pas la taille mannequin, d'accord, mais une magnifique chevelure ou un sourire éclatant. Quant à ta personnalité, elle vaut sûrement le détour. Les gens beaux, mais odieux, on les fuit !

- **Agis.** Contre l'acné, des traitements existent ! Sinon, triche un peu, par exemple avec un fond de teint couvrant. Si tu n'aimes pas tes oreilles, mise sur une coiffure qui les cachera. Mais n'oublie pas que régler le problème pour de bon, c'est refuser qu'il te « bouffe la vie ».

- **Accepte** d'être imparfait(e) et de faire confiance aux autres. Oui, ils peuvent voir et t'aimer au-delà des apparences, et c'est bien agréable de les laisser faire !

Réels ou imaginaires, les complexes touchent le physique, mais aussi le plan intellectuel (on se sent bête), social (on a honte du métier de nos parents, du quartier qu'on habite…).

Chirurgie esthétique, la baguette magique ?

Un nez bossu, des seins qui pèsent sur ton moral et ton dos ? Une opération et hop, fini ! C'est possible, mais déconseillé avant la fin de la puberté, et bien réfléchir s'impose. D'abord, ton insatisfaction peut s'estomper au fil du temps ; ensuite, le résultat de l'intervention peut te déstabiliser ou pire, te déplaire.

Important : la chirurgie ne règle pas un profond manque d'estime de soi. Mieux vaut s'attaquer aux racines du problème, avec l'aide d'un psychologue. D'ailleurs, les chirurgiens te proposeront sans doute un suivi psychologique avant de t'opérer.

Que dit la loi ? L'accord des deux parents est obligatoire pour les mineurs.

LA BEAUTÉ FAIT-ELLE LE BONHEUR ?

Difficile de nier cette pression sur l'apparence physique... L'équation pose qu'être beau, c'est être heureux (ou presque). Mais qu'en est-il en réalité ?

De la poudre aux yeux

Des magazines aux pubs télé, te voilà noyé(e) sous une avalanche de corps et de visages parfaits. Tu n'es pas top model ? Passe ton tour. Pas si vite ! Ces images ne sont que du rêve. La réalité ? Des heures de maquillage, d'interminables séances de pose et surtout, de multiples retouches-photos. Compare les photos de stars avant/après pour t'en persuader...

Vive la diversité !

Silhouette, taille, poids... Imagine que tout le monde corresponde aux critères de beauté actuels. Le résultat ? Des clones aussi interchangeables qu'un Ken ou une Barbie ! Si tu regardes autour de toi, tu vois des petits, des gros, des blonds, des bruns... Chacun est unique (c'est une chance !), et chacun a le droit au bonheur. Et si être heureux, c'était accepter sa singularité au lieu de vouloir entrer dans un moule ?

Ton bonheur à toi

Tous les garçons courent après Sarah et toutes les filles après Nicolas. Normal, ils sont beaux ! Ah, si c'était ton cas, tu serais enfin heureux(se)... Tout dépend de ce que tu appelles le bonheur. Si chacun en a sa définition, être en bonne santé, entouré de gens qu'on aime, avoir des amis, des passions, cela en fait certainement partie. Alors, de quoi est fait ton vrai bonheur ? Et en es-tu si loin ?

Éphémère beauté

Mince ou en chair, teint pâle ou bronzé... Les critères de beauté varient selon les époques et les pays. L'idéal d'aujourd'hui sera bientôt démodé ! Rappelle-toi aussi que le physique ne fait pas tout. La personnalité et le charme comptent souvent davantage. Un visage souriant séduit plus que de grands airs !

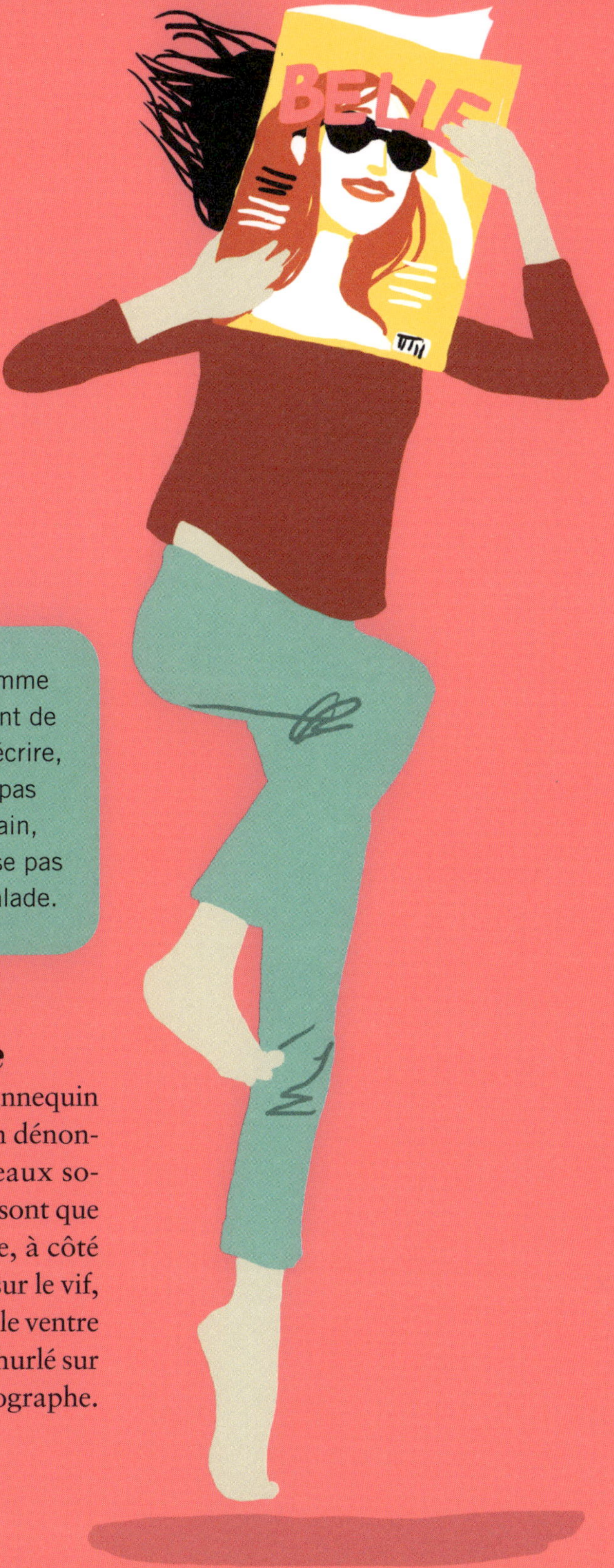

Et si tu considérais ton corps comme un allié ? Tes jambes te permettent de marcher, de danser, tes mains d'écrire, de caresser… L'essentiel n'est pas d'avoir un corps parfait, mais sain, rempli de vitalité. Ça, on n'y pense pas assez… sauf quand on tombe malade.

Une trop belle vitrine

Novembre 2015. Une jeune mannequin australienne crée « le buzz » en dénonçant la malhonnêteté des réseaux sociaux. Leurs photos de rêve ne sont que de la triche ! Ainsi avoue-t-elle, à côté d'un cliché apparemment pris sur le vif, avoir à peine mangé pour avoir le ventre plat, testé plus de cent poses et hurlé sur sa sœur qui lui servait de photographe. À méditer…

TEST

SAIS-TU DÉBRANCHER ?

Faire le vide dans ton esprit, facile ou mission impossible ? Verdict au bout de ce test.

Intimidé(e) devant Manu, tu lui racontes n'importe quoi. De retour chez toi...

- ◻ Tu te repasses votre conversation en boucle en te traitant de tous les noms.
- × Tu hésites une bonne heure : lui envoyer ou pas un SMS pour te rattraper ?
- ○ Tu t'en amuses. Si Manu t'a déjà jugé(e), il (elle) n'en vaut pas la peine.

Le conseil de classe, c'est ce soir.

- × Demain, tu te pointes aux aurores pour avoir tes résultats.
- ○ Pourquoi t'inquiéter ? De toute façon, les dés sont jetés.
- ◻ Tu guettes le coup de fil de ton copain délégué de classe.

Enfin au lit, lumières éteintes et... zut ! ton sac n'est pas prêt !

- × Tu tergiverses avant de conclure « Pas d'urgence ! »
- ◻ Tu te relèves pour le terminer.
- ○ Tu DORS ! La paix !

Contrôle terminé ! Tu n'as pas fini ta copie.

- ◻ Énervé(e), tu termines sur un brouillon, dans le couloir.
- × Tu continues à gratter devant ton prof qui tape du pied.
- ○ Tant pis, il y aura des blancs.

Pour éteindre ton portable, il faut composer un code.

- × Vrai.
- ○ Faux.
- ◻ Aucune idée, tu n'as jamais essayé !

Maxime n'est pas venu à la patinoire comme prévu.

- ◻ Tu l'as appelé dix fois sans vraiment profiter de ta journée.
- × Tu lui as envoyé deux SMS : « T'es où ? » puis « OK, oublie ».
- ○ Maxime qui ?

Tu as enfin reçu ta nouvelle console, mais avec un mode d'emploi… en japonais !

- ◻ Tu t'arraches les yeux (et le cerveau) à déchiffrer ces hiéroglyphes.
- ✕ Un coup de traducteur automatique, ça devrait le faire.
- ○ Retour à l'expéditeur. Tu n'es pas bilingue, non, mais !

Inès s'est énervée contre toi, a priori sans raison.

- ✕ Tu appelles vos amis un par un. Leur avis ?
- ○ Inutile de te prendre la tête, un bon film t'attend.
- ◻ Tu rumines sur ce que tu as bien pu lui faire.

Demain, premier jour des vacances !

- ◻ Des quoi ? Avec ton planning de ministre, tu seras sur-occupé(e).
- ○ Tu oublies tout, sauf l'essentiel : ne rien faire.
- ✕ Tu as déjà repéré le stage de voile dont tu rêvais.

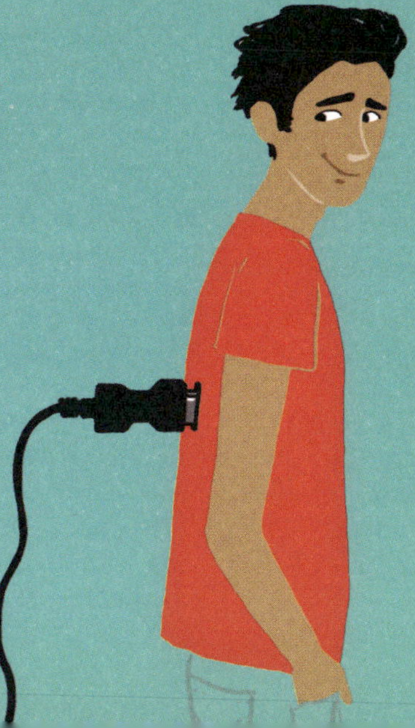

RÉSULTATS

Totalise tes symboles.

Max de ◻ : surmenage en vue !

Ton moteur, c'est le stress, et ton souci de la perfection prime sur le reste. Une situation tourne mal ? Tu te crois pris(e) en défaut ? Tu remâches ce qui cloche jusqu'à plus soif. Respire, ton entourage t'apprécie pour ce que tu es ! Au fond, tu crains de te laisser aller, comme si te relâcher rimait avec « catastrophe ». Profite donc des bons côtés de la vie, le monde ne s'arrêtera pas de tourner !

Max de ✕ : en tension contrôlée.

Pas de doute, tu sais t'amuser et tu résistes bien à la pression… Parfois trop bien, d'ailleurs, quand la paresse s'en mêle. Sinon, tu passes sans état d'âme d'une activité à une autre, et c'est peut-être là le hic : lorsque tu débranches, c'est souvent pour te rebrancher ailleurs. Aurais-tu peur de t'ennuyer ? Se retrouver au calme, face à soi-même, ce n'est pourtant pas si désagréable…

Max de ○ : super relax…

Voilà longtemps que tu l'as compris : ta réussite ne dépend pas que de ton travail. Tes pauses détente, c'est sacré ! Tu n'es pas du genre à t'inquiéter, ressasser ou paniquer devant l'urgence. Si ton calme te permet d'être plus efficace, parfait. Autrement, il pourrait passer pour du désintérêt. Car si tu sais donner des « coups de collier », tu préfères ne pas trop te forcer…

RESPIREZ, SOUFFLEZ !

Première manifestation de la vie, la respiration est essentielle. Mais sais-tu à quel point et comment l'utiliser à ton profit ?

Les effets sur le corps

Ton corps est un système très perfectionné : respiration, rythme de ton cœur, vitesse de circulation du sang dans tes veines… Tout est lié ! Démonstration : en cas de stress, tu respires plus vite. Tu absorbes alors plus d'air, et davantage de l'oxygène qu'il contient « passe » dans ton sang via tes poumons. Alors que ton rythme cardiaque s'accélère, ton cœur pompe plus de sang et en envoie davantage à tes organes. Ton organisme est prêt pour une réaction rapide ! Une respiration lente et profonde aura, elle, l'effet inverse : te calmer.

Respirer pour reprendre pied

Toutes les techniques de relaxation et de méditation s'appuient sur la respiration. Celle-ci est une « porte d'entrée » pour reconnecter ton corps et ton esprit. En contrôlant son rythme et sa profondeur, tu décontractes tes muscles, apaises tes émotions et dissous les tensions. Tout bénéfice.

25 000…

C'est à peu près le nombre de fois où tu inspires et expires par jour, sans même avoir besoin d'y penser !

Du sur-mesure

En inspirant, tu approvisionnes ton organisme en oxygène ; en expirant, tu libères du dioxyde de carbone. Sans cesse, ta respiration s'adapte à tes besoins. Le sport, par exemple, la fait s'accélérer.

Stop !

Là, comment est ta respiration ? Profonde ou superficielle ? Calme, désordonnée ou bloquée façon apnée ? Par le nez ou par le ventre ? Prends un instant pour l'observer… et la ralentir en cas de stress.

FICHE
DE L'AIR !

EXERCICE 1 :
reconnexion !

- Assieds-toi confortablement, le dos droit, et prends une longue inspiration. Sens l'air frais entrer dans tes narines, ta poitrine se soulever, puis l'air un peu plus chaud ressortir et ta poitrine s'abaisser.
- Décrispe tes épaules et ta mâchoire sans modifier le rythme de ton souffle. Laisse « glisser » ton expiration jusqu'au bout, puis sens ton inspiration se déclencher d'elle-même.

Voilà, tu respires, profondément.

Des pensées surviennent ? Laisse-les vagabonder sans t'y accrocher, et retourne à ta respiration.

EXERCICE 2 :
retrouve ta respiration abdominale

Au fil du temps, nous perdons l'habitude de respirer par le ventre. Pourtant, cette respiration apaise.

Mode d'emploi : assis(e) ou couché(e) sur le dos, une main posée juste sous tes côtes, inspire calmement par le nez en gonflant ton ventre, puis expire lentement par la bouche. Pratique 5 minutes d'affilée et le soir, si tu as du mal à t'endormir.

Le sens-tu ? Cette méthode mobilise ton diaphragme. Il s'agit des muscles situés entre ta poitrine et ton ventre, les « moteurs » de la respiration. Idéal pour effacer la fameuse boule au ventre !

EXERCICE 3 :
en cas d'urgence

Cale-toi sur un rythme de 6 respirations par minute. Concrètement, inspire 5 secondes, puis expire pendant les 5 secondes suivantes. Confortable et profonde, cette respiration agit comme un frein sur l'anxiété. Les pilotes de chasse l'utiliseraient même en mission !

FICHE
RELAX !

Tu maîtrises ta respiration ? Parfait. Maintenant, place à la relaxation !

Se relaxer, pourquoi ?

Pour recharger ton portable, tu dois le brancher… La relaxation, c'est la même chose : un moment pour remplir tes batteries, rassembler et mobiliser tes forces, un moment de pause rien que pour toi. Tu l'as compris : te relaxer, c'est indispensable !

EXERCICE 1 :
mission sommeil

Allongé(e) sur le dos, pars de l'exercice 1 de la page précédente. Visualise ensuite les différentes parties de ton corps et détends-les une à une. Commence par les doigts pour passer aux bras, aux épaules, au cou… C'est fait ? Descends à tes orteils pour remonter à tes pieds, tes jambes, tes cuisses, ton ventre, ta poitrine. Finis par ton visage (lèvres, joues, front). Assez vite, tu sentiras ton corps peser sur le matelas. Peut-être même t'endormiras-tu avant la fin.

EXERCICE 2 :
renouer avec le toucher

Karl fait des cercles sur ses tempes du bout des doigts, Anna se masse le cuir chevelu… Imite-les ! Tu peux aussi te masser les mains (en insistant sur les paumes et le côté des ongles), les pieds, les bras et les jambes, la nuque… Utilise une crème hydratante, un peu d'huile, ou un simple gant imbibé d'eau chaude.
Câlinée, ta peau envoie des signaux de bien-être à ton cerveau !

Des muscles résistent ? Crispe-les très fort, puis relâche-les d'un coup.

Une liste pour décompresser

Écrire, lire, rire, dessiner, jouer, chanter, nager, caresser un animal, faire un câlin, respirer un parfum, écouter de la musique douce, sentir le soleil caresser ta peau, fermer les yeux, rêver…

À toi d'ajouter tes trucs !

....

....

....

....

....

....

....

LA MÉDITATION ? À MÉDITER !

Oublie l'image du moine zen figé en position du lotus. La méditation, c'est à ta portée !

Méditer, à quoi bon ?

Si la relaxation vise surtout la détente et le repos, la méditation permet de reprendre contact avec soi, le monde, le présent. En gros, alors que la relaxation te recharge physiquement, la méditation te recharge aussi mentalement. Comme un sport, mais pour l'esprit.

La méditation, une arme de destruction massive contre...

- **la dispersion**, car elle t'aide à te concentrer.
- **le stress** : elle te « pose » et te donne du recul lorsque le trop-plein menace.
- **la rumination** : tu accueilles tes pensées sans te laisser déborder.
- **la dépréciation** : tu apprends à t'écouter sans te juger.

Trop compliqué pour moi !

Mais non, même les enfants y parviennent ! Pour certaines personnes, c'est facile ; d'autres ont besoin d'un peu d'entraînement, mais obtenir des résultats, ça motive.

Comment t'y mettre ?

1- Ton environnement

Choisis un lieu et un moment où rien ne viendra te déranger. Éteins portable, télé et musique et tamise les lumières.

2- Ta position

Assis(e) sur une chaise ou un coussin, le dos bien droit, ou allongé(e) si tu préfères, yeux fermés ou ouverts.

3- C'est parti !

Commence par respirer et te détendre, puis choisis sur quoi porter ton attention : les sons ambiants, un objet, une lumière, ta respiration, tes sensations… Écoute ce qui se passe en toi et autour de toi. Le but n'est pas de ne penser à rien, mais de prendre conscience de tes pensées et de les accueillir pour ce qu'elles sont : seulement des « instantanés », ni bons, ni mauvais.

Très vite, tu gamberges ? C'est normal. Observe tes pensées : elles concernent l'avenir (tes devoirs, le dîner) ? Tu t'en occuperas plus tard. Le passé (ta journée, un souvenir agréable ou pénible) ? Regarde-les de loin, tu pourras t'y attarder ensuite. Ramène doucement ton attention vers tes sensations, tes émotions, ton présent… toi. C'est tout ? Mais oui !

Maintenant, pose ce livre, ferme les yeux, et essaie de méditer quelques instants.

Le truc de Lucille pour se mettre en condition ? S'imaginer… en chat !

Le yoga

Tu veux te détendre, faire le plein d'énergie, mieux connaître ton corps et le renforcer ? Des écoles de yoga proposent des cours strictement réservés aux ados. Il y en a peut-être une près de chez toi.

La sophrologie mêle des techniques de respiration et de relaxation. Conduites par un sophrologue, les séances comprennent entretiens et exercices, en groupes ou en tête-à-tête. Ses bénéfices ? Développer les pensées positives, améliorer la gestion du stress et de la douleur, franchir un cap difficile (examens, petites angoisses…).

Le sais-tu ? Le mot *sophrologie* combine trois mots de grec ancien : *sôs*, bien portant ; *phren*, esprit, conscience ; *logos*, étude, science, discours.

EXERCICE :
pleine conscience

Avant un examen ou juste pour le plaisir, appuie sur pause !

Mode d'emploi : concentre-toi sur une sensation (la chaise contre ton dos, le tapis sous tes pieds) ou sur ce que tu fais à ce moment précis (manger, par exemple). Ne fais que cela : sens la texture de l'aliment contre ta langue, tes dents le broyer, ses saveurs se diffuser dans ta bouche… Idéal pour revenir à toi-même, savourer l'instant ou remettre de l'ordre dans tes pensées, tes émotions.

PLEINE FORME GRÂCE AU SPORT

Le sport est bon pour le corps, mais pas seulement. Tour d'horizon de ses bienfaits.

Sur le corps...

Le sport améliore ta condition physique, développe ton endurance et dessine joliment ta silhouette. De quoi te réconcilier avec ton miroir !

... et la tête

En plus de te détendre, il libère des endorphines et de la dopamine, les « hormones du plaisir ». Change d'air pour te changer les idées !

Avec soi...

Le sport permet de te dépasser et de booster ton estime de soi. Réussir un saut ou une chorégraphie de danse, c'est gratifiant.

... et avec les autres

Il t'apprend à fonctionner en équipe, voire à te confronter aux autres... sainement.

3 ingrédients pour sauter le pas

- **La curiosité.** Tu ne sais pas quel sport choisir ? Pioche dans ceux que propose ton collège, ou fais un tour au *street park* de ta ville. C'est gratuit.
- **Le plaisir.** Avec une activité qui te plaît, l'effort devient facile. Trouve ton « truc » et fonce.
- **La volonté.** Au quotidien, prends l'escalier et marche pour les petits trajets. Même le ménage devient une occasion de te bouger. À toi l'aspirateur !

Le bon rythme : à ton âge, une heure d'activité modérée par jour (marche, vélo) et du sport au moins trois fois par semaine sont recommandés.

Un mode de vie

Respect de l'adversaire pour les arts martiaux tel le judo, esprit d'équipe pour les sports collectifs (foot, volley, etc.), patience pour l'équitation...
Le sport véhicule des valeurs à appliquer au quotidien. Quelles sont les qualités que réclame ton sport préféré ?

QUAND LES CORPS S'EXPRIMENT...

Communiquer avec les autres sans un mot ? Ce n'est pas de la télépathie, mais de la communication non verbale ! Démonstration.

Les corps, ces bavards

Tu penses que dans un message, les mots priment sur le reste ? Tu te trompes, leur importance n'est évaluée qu'à 8 % ! Les 92 % restants relèvent de la *communication non verbale*. Celle-ci englobe la voix, les gestes, les mimiques, les regards, les sourires… autant de « signaux » que ton interlocuteur et toi captez et décryptez de façon souvent inconsciente. Résultat : vous donnez (et recevez) beaucoup d'informations à votre insu !

Raccord ou pas raccord ?

Parfois, la communication non verbale vient appuyer un message : quand Judith croit à ce qu'elle dit, ça s'entend et ça se voit. Ses gestes sont décidés, sa voix est forte, ses yeux brillent… Bel avantage pour te convaincre ! À l'inverse, des gestes peuvent contredire des paroles. Si Léon te jure qu'il est ton ami en reculant d'un pas, tu es en droit d'en douter.

Tu ne « sens » pas quelqu'un ? Ton intuition peut te tromper, mais aussi reposer sur des éléments que tu n'as pas analysés consciemment. Prudence avec cette personne !

Décryptages

Pour évaluer ton interlocuteur, sois attentif aux signes qui en disent long.

Feu vert **: interlocuteur honnête / concerné par ce que tu dis / à qui tu plais**

- **Un regard** franc qui n'évite pas le tien, avec des pupilles qui se dilatent.
- **Un corps** détendu, une attitude ouverte. Bonus : te toucher le bras, te sourire avec chaleur, se pencher vers toi, etc.
- **Des gestes** naturels, non calculés.
- **Une voix** en accord avec le contexte (enjouée pour une anecdote drôle, etc.).

Feu orange **: interlocuteur gêné / stressé / timide ou possible menteur**

- **Un regard** fuyant et de fréquents clignements de paupières.
- **Un sourire** forcé, avec la bouche qui tremblote. Le rire est saccadé, nerveux.
- **Un corps** contracté comme pour se protéger d'une agression. Les bras peuvent être croisés, le buste en arrière, la tête rentrée dans les épaules.
- **Des gestes** « intrus » : tripoter ses cheveux ou un objet, se cacher la bouche, beaucoup remuer les pieds...
- **Une voix** qui déraille ou tremble, avec de fréquents silences et raclements de gorge.

Le regard de ton interlocuteur est vague, inexpressif ? Il garde ses mains dans ses poches ou tapote la table ? Il s'ennuie probablement...

Feu rouge **: interlocuteur agressif / en colère**

- **Un regard** « noir », figé. L'autre est trop énervé pour t'écouter !
- **Un corps** tendu, prêt à entrer en action. La personne saisit un objet ? Prudence, elle pourrait te le lancer à la figure.
- **Des gestes** d'impatience ou de menace, tel un doigt pointé.
- **Une voix** trop contrôlée ou qui monte en puissance... Gare à l'explosion !

Les limites du décodage

Attention à ne pas tout surinterpréter ! Un bon décodage est aussi affaire de contexte. Si Amandine bâille alors que tu lui parles, n'en conclus pas aussitôt qu'elle s'ennuie. Elle peut être juste fatiguée...

La langue des signes

Cette langue utilisée par les sourds et les malentendants n'est pas un mode de communication non verbale, mais un code, qui change d'ailleurs d'un pays à l'autre. Un Français n'utilisera pas les mêmes signes qu'un Américain ou un Japonais.

FICHE
TRAVAILLE TON LANGAGE CORPOREL

EXERCICE 1 :
arrêt sur image

Le but : prendre conscience de ta communication non verbale.

Quand tu es en société, opère une pause mentale. Posture, gestes, voix, scanne tout ! C'est fait ? Demande-toi si tu as envie de faire passer ces signaux et s'ils correspondent à ce que tu ressens. Non ? Corrige le tir.

Exemple : tu parles bras croisés, épaules crispées. Les autres peuvent y voir un signe d'inconfort et te croire sur la défensive. Pour les détromper, détends tes bras, bouge, prends ta place, touche-leur l'épaule.

EXERCICE 3 :
bouge en harmonie

Le but : adapter tes gestes.

1) À ton interlocuteur : le sais-tu ?
Quand deux personnes sont très complices, leurs gestes sont en général similaires : si l'un modifie sa position, l'autre l'imite. Ce mimétisme inconscient montre qu'on est en phase.

2) À la situation : tu racontes une blague ? Tu entames une démonstration ? De grands gestes donnent du relief à tes paroles. Dans un autre contexte, tu peux paraître en faire trop, gesticuler dans le vide. Essaie de faire la différence !

EXERCICE 2 :
joue l'ouverture

Le but : envoyer des messages positifs.

Entraîne-toi à adopter des postures corporelles ouvertes. Elles reflètent une image de confiance en soi et mettent les gens à l'aise. Comment ?

- Décroise tes bras et tes jambes (signes de fermeture) et penche-toi légèrement vers ton interlocuteur. Tu lui signifieras qu'il est le bienvenu.
- Regarde-le dans les yeux, souris-lui, hoche la tête quand il te parle.

La posture idéale : campé(e) sur tes pieds, épaules en arrière pour ouvrir ta poitrine et tête haute. Dos voûté, épaules et tête rentrées = je doute de moi !

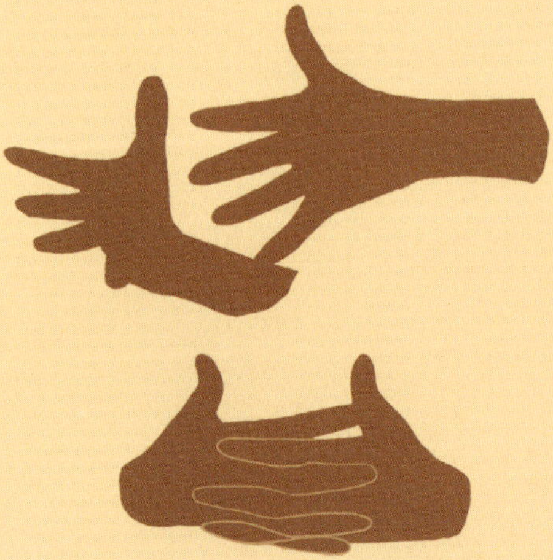

FICHE

DÉCRYPTE LE LANGAGE CORPOREL DES AUTRES

Grâce à ces exercices, affine ta perception sur les gens qui t'entourent.

EXERCICE 1 : ouvre l'œil !

Au collège, dans le bus, au restaurant, observe les gens. Que révèle leur posture ? Leurs gestes sont-ils « raccord » ?
Exemple : Ben s'approche de Leïla. Elle rougit, esquisse un pas en arrière en se tripotant les cheveux. Elle a sans doute un faible pour lui…

Tu as remarqué ? Derrière l'assurance de certains se lit une grande vulnérabilité. C'est le cas d'Enzo lorsqu'il humilie les autres. Si tu le regardes bien, tu constateras qu'il cherche d'abord le regard de ses copains et qu'entre deux moqueries, son corps s'affaisse. Alors qu'il voudrait passer pour un dur, ses gestes le trahissent !

EXERCICE 2 : bien reçu !

Demande à un ami d'exprimer par son attitude la joie, la tristesse, la colère, puis des émotions plus subtiles. Essaie de les reconnaître sans te tromper. Ton ami ne doit bien sûr pas prononcer un mot !

De l'un à l'autre

Pas facile d'interpréter à coup sûr l'état d'esprit d'une personne. Ses particularités comptent beaucoup ! Un exemple : Lise fuit ton regard quand elle te ment ; Jess, lui, te fixe droit dans les yeux de crainte que tu le perces à jour. Conclusion : mieux tu connais ton interlocuteur, plus ta lecture sera juste.

La poignée de main

C'est un premier contact décisif ! Les recruteurs y prêtent souvent beaucoup d'attention. L'idéal : qu'elle soit franche et ferme. Molle, elle révélerait une personnalité timide, faible, voire fuyante. Trop appuyée, une tendance à vouloir dominer. « Briser les doigts » de ton interlocuteur ? Mauvais départ !

COMMUNIQUER, J'ASSURE !

Comment être entendu(e) des autres et mieux les entendre à ton tour ? Suis le guide !

5 clés pour te faire entendre

1- Choisir le bon moment

Pour t'accorder toute son attention, ton interlocuteur doit être disponible et tant qu'à faire, de bonne humeur. Aborder avec tes parents un sujet qui fâche alors qu'ils rentrent épuisés du travail ? Clash garanti, attends le week-end…

2- Manier clarté et concision

Trop tourner autour du pot, c'est agaçant et en face, l'attention se relâche… Dis clairement où tu veux en venir, en évitant les digressions qui embrouillent.

3- S'affirmer

« On pense que… », « On avait envie de… » C'est qui, *on* ? Ose t'exprimer en ton nom afin de donner de la force à tes propos. D'autre part, exprimer tes ressentis à la première personne (*je* suis gêné(e), *je* voudrais que tu m'écoutes…) poussera l'autre à te prêter l'oreille. L'agresser avec des « Tu » (*Tu* n'écoutes jamais rien !), à s'énerver.

4- Créer du lien

Regards, sourires, petits gestes d'affection… Établis une complicité avec ton interlocuteur, et veille à ce que tes gestes ne contredisent pas tes paroles. On ne te croirait pas !

5- Rester zen

En agressant quelqu'un, tu vas le braquer. Reste calme et poli(e) ! La discussion ne mène nulle part ? N'insiste pas, vous finiriez fâchés.

Bonus : pour formuler une critique positive, suis la méthode DESC **page 35** de ce livre.

Pour te mettre sur un pied d'égalité

- **Place-toi au même niveau**. Rester assis face à quelqu'un debout équivaut souvent à une position d'infériorité. Lève-toi ou invite ton interlocuteur à s'asseoir.
- **Module ta voix**. Parler plus fort que les autres, c'est prendre le pouvoir. Moins fort, c'est s'exposer à ne pas être entendu.
- **Adapte tes gestes**. Observe ton interlocuteur. Il sourit et se penche ? Imite-le. Il te touche le bras ? Ne te dérobe pas. Sensible au mimétisme, son cerveau captera de manière inconsciente que tu es à l'écoute.

5 clés pour mieux entendre les autres

1- Écouter avec tes deux oreilles

Agaçants, ces gens qui t'interrompent à tout bout de champ… Laisse les autres parler sans préjuger de ce qu'ils vont dire. Tu peux être surpris(e) ! Préparer trop vite ta réponse, c'est risquer la gaffe ou le contresens.

2- Recevoir 5 sur 5

Le discours de Mina t'échappe ? Interroge-la ou reformule ses propos : « Ce que tu veux dire, c'est… Je me trompe ? », puis laisse-la préciser sa pensée. Vous serez sûr(e)s d'être sur la même longueur d'onde.

3- Encourager

Hocher la tête sur un « Mmh, oui » va motiver ton interlocuteur, froncer les sourcils risque de le refroidir. D'autre part, préfère les questions ouvertes du type « Qu'as-tu aimé dans ce film ? » aux questions fermées qui n'appellent qu'un *oui* ou un *non*. Et surtout, valorise les réponses qu'on te fait. Un « Trop nul ce que tu racontes ! », c'est juste humiliant.

4- Trouver la juste place

Faire part de ton expérience est souvent bienvenu, à la différence de tout ramener à toi. Les « Moi je, moi je » agacent vite… Ne te sers pas des autres pour te « répandre » sur ton cas. Ils se sentiraient négligés ou pire, utilisés.

5- T'armer de diplomatie

Tu penses qu'Édouard a tort ? C'est ton droit, mais n'en oublie pas ton tact ! Lui dire gentiment « Je crois que tu n'as pas tout à fait raison » vaut mieux que le rabaisser, surtout en public. S'il te tape sur les nerfs, abrège avec élégance d'un « On en reparle une autre fois, d'accord ? »

Un ange passe…

Un silence et te voilà gêné(e). Ton interlocuteur doit te juger ou s'ennuyer… Pas forcément. Il peut aussi prendre le temps de réfléchir ou même t'approuver en se taisant. Inutile de vouloir combler les blancs à tout prix !

MON STYLE, MON IDENTITÉ

***Qui se ressemble s'assemble*, dit le proverbe. C'est un peu plus compliqué que ça ! Enquête dans le petit monde du look.**

Un style pour s'affirmer

Petit(e), tu ne choisissais pas toujours tes vêtements. Mais ça, c'est (presque) du passé ! À présent, tu revendiques le droit de t'habiller à ton goût. Si ça déplaît à tes parents, tant pis... ou tant mieux. Tu es devenu(e) autonome, qu'ils l'acceptent ! Peut-être même les trouves-tu un peu ringards et dans ce cas, tu n'as aucune envie d'être comme eux...

Se fondre dans la masse

Au collège, il y a toujours un petit groupe qui montre du doigt les élèves « mal fagotés ». Comme si leur apparence définissait leur personne, ils sont jugés minables, inintéressants. Injuste ? Toujours. Bête ? Souvent. Mais afin qu'on te laisse tranquille, tu peux avoir envie d'adopter le « bon style » et les marques jugées tendance. Le souci ? À force de tous s'habiller pareil, on finit par tous se ressembler...

Trouver sa place

Un look aseptisé ? Sans façon ! Toi, tu marques ta différence en arborant les signes de ralliement d'une minorité : vêtements noirs pour les gothiques, crête de punk... Intégré(e) dans une « tribu » dont tu partages les goûts, tu as trouvé ta place ! Réconfortant, oui, mais parfois aliénant. Si jamais tu n'en respectais plus les codes, elle risquerait de te rejeter...

Chercher son moi

Changer de peau, impossible. Mais changer de tenue, facile ! En quête d'identité, beaucoup d'ados s'amusent à tester différents personnages : un jour androgyne, le lendemain *girly*, le surlendemain extravagant... Les vêtements te permettent de te métamorphoser au gré de ton humeur, peut-être pour mieux te trouver.

Te plaire à toi, plaire aux autres

Une robe près du corps, un blouson qui élargit tes épaules... Sourire au miroir. Tu te sens séduisant(e) et dans la rue, les regards te le prouvent. Grâce à quelques grammes de tissu, voilà ta confiance en toi regonflée. Comme quoi le look, c'est loin d'être si superficiel !

Loin de la séduction, les « vêtements-remparts », grands pulls et pantalons larges, masquent ce corps qui nous encombre. Pour l'apprivoiser, de l'indulgence, de la douceur et du temps.

3 conseils pour faire accepter ton style à tes parents

1- Explique-leur pourquoi tu aimes tant ce style, ce qu'il signifie à tes yeux. Ils pourraient te comprendre sans forcément t'approuver.

2- Rassure-les. Tu ne t'habilles plus qu'en noir, version *No future*? Tes parents peuvent se demander ce qu'il t'arrive. Si ton style est le reflet d'un mal-être, mieux vaut leur en parler. Sinon, calme leurs inquiétudes.

3- Procède par étapes. Au lieu d'adopter d'emblée un « total look », commence par des accessoires, puis un ou deux vêtements. Ta famille aura le temps de s'habituer.

Les ados, cibles des marques

Pour te plaire, les marques dégainent le grand jeu ! Stars qui vantent leurs produits, publicités qui exploitent tes passions, collections sans cesse renouvelées… Tout est fait pour te pousser à acheter en cultivant une image tendance. Les ados sont en effet une mine d'or. 86 % d'entre eux reçoivent de l'argent de poche* et leur influence au sein de leur famille, en matière d'achats, est énorme. Ne te laisse pas manipuler !

**Étude CSA, septembre 2012.*

LE BON STYLE EN 3 CONSEILS

Comment éviter les erreurs de style ? Voici l'avis des pros.

Préfère le sur-mesure

Adopter le style d'Alex, pourquoi pas, tant que ses tenues te flattent. Il (elle) est grand(e) et maigre, et toi plutôt l'inverse ? Ses vêtements risquent de ne pas t'aller, voire de souligner tes « petits défauts ». Ne garde que ce qui est taillé pour toi et oublie le reste !

L'avis de la styliste

- Regarde sur Internet les tenues adaptées aux différentes morphologies (pour les filles : en rectangle, triangle inversé, pyramide, etc.). Tu pourras t'en inspirer.
- Fais les magasins avec un(e) ami(e), ta mère... Leur avis sera plus sincère que celui du vendeur, toujours d'accord avec toi.
- Observe-toi en pied, de face, de profil et de trois quarts.

Moins, c'est plus

L'avis de la styliste : être stylé de la tête aux pieds, c'est trop ! Mets en valeur un seul vêtement en jouant la sobriété pour les autres : un T-shirt rigolo avec un jean basique, une jupe fuchsia avec un top noir, etc. Sinon, leur effet s'annule. Au pire, tu paraîtrais déguisé(e).

Joue les caméléons

Adapte ta tenue aux circonstances : un look de fête va sans doute détonner lors d'un repas de famille... Et surtout, simplifie-toi la vie : te préparer pendant une heure pour descendre la poubelle, est-ce bien utile ?

L'avis de la maquilleuse

« Les filles, n'abusez pas du maquillage. Trop de fond teint attirera l'attention sur vos boutons au lieu de les dissimuler. La bouche ou les yeux ? Mettez l'accent sur votre point fort, pas sur les deux. »

TATOUAGES ET PIERCINGS

Tu as remarqué ? Dans la rue, à la plage, tatouages et piercings gagnent du terrain ! Décryptage pour toi qui rêves peut-être d'avoir le(s) tien(s).

Au-delà de l'effet de mode

Jadis réservés à une minorité, « tatoos » et piercings s'affichent aujourd'hui comme des accessoires de beauté. C'est la mode, bien sûr, mais pas seulement. Selon les psys, modifier son corps reviendrait à se l'approprier : orné à notre goût, il n'est plus celui que nous ont donné nos parents. Il devient le nôtre, différent, unique, un « vrai » reflet de notre identité. Mais n'y a-t-il pas là un paradoxe ? Être soi, c'est aussi s'accepter tel que l'on est, sans vouloir se changer…

Tatouage ou piercing, l'accord de tes parents est obligatoire si tu es mineur(e).

Le bon motif

L'un des premiers critères de choix ? L'esthétique. Les tatouages sont censés embellir et non enlaidir ! Mais ils peuvent également se charger d'une symbolique (un papillon qui représente la liberté), témoigner d'une passion ou d'un mode de vie (l'emblème d'un groupe de hard rock, la devise *Carpe diem*, « Cueille le jour ») ou même délivrer un message : arborer le prénom de son chéri, c'est clamer au monde entier qu'on l'a « dans la peau »… quitte à s'en mordre les doigts après la rupture.

Bien réfléchir

Tu t'imagines déjà avec une rose sur l'épaule ou un anneau dans une narine ? Pourquoi pas, tant que tu ne le regrettes pas ensuite : enlevé, un piercing laisse un petit trou. Quant aux tatouages, indélébiles, il faut recourir au laser pour s'en débarrasser. Cher et douloureux, le traitement s'avère rarement parfait (25 % des tatoos « s'accrochent » encore après 15 séances).

Et sinon ?

Les bijoux de peau

Diamants, paillettes ou motifs adhésifs, vive la fantaisie ! Des réactions à la colle étant possibles, opte pour une version hypoallergénique et change de zone chaque jour (cou, puis épaule, etc.).

Gare au henné noir !

Il contient du PPD ou *paraphénylènediamine*, connu pour provoquer des allergies (gonflements, rougeurs, démangeaisons). Au pire, l'intolérance devient définitive et t'interdit toute exposition au PPD. Embêtant, car il est entre autres utilisé pour teindre en noir les tissus et le cuir.

Quelques points à considérer

- **Ton évolution personnelle.** Dans dix ans, une Hello Kitty ou une tête de mort te correspondront-ils toujours ? Pas évident.
- **La lassitude** à toujours voir le même motif.
- **Le vieillissement.** Tu n'es pas encore concerné(e), mais au fil des années, la peau s'abîme. Tes tatouages risquent d'en pâtir, surtout si ton poids joue au yoyo.
- **Le regard des autres.** Tatoos et piercings ne sont pas toujours bien acceptés. Visibles, ils pourraient te desservir dans des métiers au contact du public et/ou compliquer une recherche d'emploi.
- **Côté santé**, des infections sont possibles. Adresse-toi à des professionnels, tenus de suivre de strictes règles d'hygiène (propreté des lieux, stérilisation du matériel, etc.).

Le sais-tu ?

- L'origine des tatouages se perd dans la nuit des temps.
- Dans de nombreuses régions du monde (Afrique, Polynésie...), les tatouages signent l'appartenance à une tribu. Chacune a ses motifs spécifiques.
- Au Japon, ils sont très mal perçus, car autrefois réservés aux criminels et aux Yakuza, les membres de la mafia. Les tatoué(e)s ne peuvent pas entrer dans les bains publics !

TEST
QUE RÉVÈLE TON STYLE ?

Mine de rien, ton style en dit long sur toi... La preuve avec ce test taillé sur-mesure.

Mode d'emploi : coche les propositions dans lesquelles tu te reconnais le plus.

◆ Ce que tu regardes en premier dans un magazine ? Les pages mode, bien sûr.

○ Le nouveau blouson d'Alex lui va trop bien, tu veux le même !

□ Faire les boutiques, quelle perte de temps…

✕ Souvent, ta famille crise : te concocter un style perso, ça te réclame un temps fou.

◆ Tu as des baskets, des jeans et des vestes à la pelle. Bref, ta penderie déborde !

□ Tes vêtements doivent s'adapter à tes activités… et pas l'inverse.

○ Qu'on te remarque, ça te stresse.

◆ Tu peux citer sans réfléchir six marques qui font fureur dans ton collège.

✕ Badges ou boutons, perles et paillettes, tu adores customiser tes vêtements.

□ Le matin, tu enfiles ce qui te tombe sous la main. Voilà, tu es prêt(e) !

○ Ton style, c'est plutôt celui de ta bande.

✕ Style surfeur, attitude rapeur ou total look vintage… Au collège, tu ne passes pas inaperçu(e).

◆ Tu sais quelle coupe de cheveux et quelles tongs seront tendance l'été prochain.

□ Le retour de l'uniforme à l'école, pourquoi pas. Tout le monde serait à égalité !

✕ Tu as une collection d'accessoires rigolos pour rehausser tes tenues passe-partout.

○ Tes meilleurs alliés pour le shopping : tes ami(e)s, qui te disent quoi acheter.

◆ Si tes parents t'écoutaient, tu referais ta garde-robe chaque année, à chaque saison.

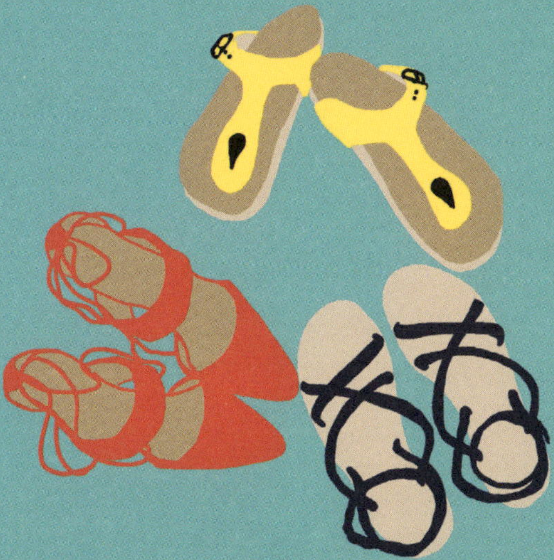

- ◻ Un pantalon très joli, mais qui te serre ? Non merci !
- ○ À vrai dire, ton style dépend surtout des gens que tu fréquentes…
- ✕ Adieu les couleurs tristes et les coupes basiques. Tu dis oui à la fantaisie !

RÉSULTATS

Totalise tes symboles.

Max de ✕ : l'originalité avant tout

Ressembler à tout le monde? Ah non! Ton style se doit d'être unique, comme ta personne. Tu adores mixer les genres, ajouter ta touche perso à tes tenues et jouer des contrastes : une chemise classe sur un jean déchiré, ça détonne! Attirer les regards ne te dérange pas, au contraire. Si personne ne te remarquait, tu aurais l'impression de ne plus tout à fait exister…

Max de ○ : en quête d'approbation

Qu'on se moque de toi te donne des sueurs froides! Tu crains autant de déplaire que d'être le centre des regards. Du coup, tes tenues sont calquées sur le style qui domine autour de toi. Te fondre dans la masse, ça te va! Tu as envie de t'affirmer davantage? Ose d'abord un accessoire (écharpe, bijoux, sac), puis deux, puis un pull. Une révolution douce, en quelque sorte.

Max de ◻ : le confort avant tout

Avoir du style ou pas t'est assez égal. Passer des heures à te préparer, te changer et te rechanger pour conclure que tu n'as rien à te mettre… Pas ton genre! À vrai dire, les obsédés du look te semblent un peu superficiels. Toi, tu demandes à tes vêtements d'être pratiques et confortables : un jean qui t'empêche de respirer et des chaussures de courir, quel intérêt? Si tout le monde était comme toi, tout serait bien plus simple et l'industrie de la mode ferait faillite!

Max de ◆ : accro à la mode

Tu prédis que cet hiver, le pull à franges sera superstar? On te croit sur parole! Incollable sur les dernières tendances et les marques branchées, tu as l'œil affûté d'un(e) styliste. Le souci? Ton budget, trop limité pour t'offrir une garde-robe de rêve. Frustrant, oui, mais replonge dans tes penderies : il y a plein de vêtements que tu as oubliés et qui te vont à ravir!

SECTION III

M'ÉPANOUIR, ENFIN !

Avec tes parents, ça passe ou ça casse ? Tes amis sont-ils les bons ? Comment te faire respecter ? Sais-tu prendre des décisions, te fixer des objectifs pour réaliser les projets qui te tiennent à cœur ? Et lorsque le succès n'est pas au rendez-vous, t'autorises-tu à rebondir ? Mets tous les atouts de ton côté pour t'épanouir en toute confiance !

MES PARENTS ME METTENT TROP LA PRESSION

À écouter tes parents, tu dois te distinguer en classe, en sport, être sage comme une image et dire merci à la dame... Côté pression, te voilà servi(e) ! Explications.

Mais pourquoi tant de pression ?

Simplement par peur, consciente ou non, que quelque chose se passe mal pour toi. Lorsque bébé, tu tentais de nouvelles expériences, tes parents te gardaient à l'œil pour intervenir en cas de problème… Aujourd'hui, ils continuent sauf que tu as grandi, merci !

Aux yeux de certains parents, leur enfant est le reflet d'eux-mêmes. Ils l'ont éduqué, n'est-ce pas ? Qu'il offre alors une bonne image en société est essentiel pour eux.

De quoi tes parents s'inquiètent ?

- **De ton avenir**, d'où la pression qu'ils exercent sur tes notes. Un 18, c'est bien, mais moins qu'un 20 ! Ils peuvent aussi t'inscrire à une foule d'activités alors que tu n'as rien demandé. Entre le solfège, le basket et le violon, tu n'as plus un instant à toi. Et tu satures.

- **De tes fréquentations**. Alors que tu gagnes en autonomie, te voilà plus exposé(e) aux « influences extérieures ». Et si tu glissais sur la mauvaise pente ? Surveillance de tes accès Internet, veto sur tes sorties… Ta famille aimerait te garder sous clé pour te protéger.

- **D'un peu tout**, d'où des pressions tous azimuts. Submergés de mises en garde sur les dangers qui te guettent, tes parents sont à l'affût du moindre signe. Tu n'as plus faim ? Tu deviens anorexique. Tu te renfermes ? Tu couves une déprime ! Stressés, ils en viennent à t'étouffer. Papa, Maman, zen !

Quelles conséquences ?

- **Une perte de confiance en toi.** Une pression excessive peut produire l'inverse de l'effet recherché : au lieu de voler de succès en succès, tu te dévalorises. Jamais, penses-tu, tu ne seras à la hauteur des attentes de tes parents. Ils ne croient pas en toi ? Toi non plus ! Tu te dis que s'ils t'estimaient « capable », ils te laisseraient davantage agir seul(e)…

- **Des relations compliquées.** Étouffé(e) par ta famille, tu te mets à la fuir. Mais en réaction, elle te « poursuit ». Poussé(e) dans tes retranchements, tu peux en venir à te rebeller : ah, si seulement tes parents ressemblaient à ceux de Ben, qui le laissent en paix !

Comment rétablir la confiance ?

- **Déculpabiliser.** Es-tu responsable de cette pression ? Souvent, non, car elle traduit surtout une angoisse : tes parents craignent de mal jouer leur rôle et peuvent, in fine, manquer… de confiance en eux !
- **Verbaliser.** Explique-leur à quel point leurs exigences te stressent, voire te bloquent. Ils ne s'en doutent peut-être pas.
- **Négocier des pauses.** Un samedi de détente en famille, un break dans ton emploi du temps… Souffle(z) pour repartir du bon pied.
- **Montrer ta maturité.** Finir ton travail avant de sortir ou ne pas abuser de ton téléphone, voilà de quoi décrisper tes parents. Si jamais ils en doutaient, prouve-leur que tu as la tête sur les épaules…

Décider pour soi-même

Lorsque tu étais petit(e), tes parents devaient décider à ta place. Aujourd'hui, la donne a un peu changé, sauf que t'affirmer n'est pas simple. Tu peux craindre de faire de la peine, de te tromper… À moins qu'à l'inverse, tu ne te construises surtout en t'opposant : quand ta famille dit blanc, tu dis noir ! Faire ses propres choix et les assumer est un apprentissage, comme écouter sa petite voix intérieure, celle qui sait bien souvent ce qui est bon pour nous…

MES PARENTS ? JE NE LES INTÉRESSE PAS...

Tes médailles sportives ne te valent guère de compliments. Quant à tes erreurs, tes parents ne les relèvent même pas... Serais-tu donc transparent(e) ?

Désinvestis, tes parents ?

Pas si sûr ! Ils peuvent également tâtonner pour trouver le « mode d'emploi », souffrir de leur propre histoire ou s'accrocher à leurs principes éducatifs. **Exemples vécus :**

- Les parents de Carine étaient très sévères : ils contrôlaient ses notes, lui interdisaient de sortir, et pas question d'inviter des amis ! En réaction, Carine s'interdit toute autorité. Résultat : ses enfants font ce qu'ils veulent, sans limites claires pour les guider.

- Chez Samia, on cachait ses sentiments. Ni tendresse ni mots gentils à la maison ! Ses parents pensaient qu'aimer leur fille, c'était assurer son bien-être matériel. Une fois mère, Samia a reproduit ce schéma malgré elle. Donner ce qu'on n'a jamais reçu, c'est compliqué...

- Insolence ou mauvaises notes, le père de Jules lui passe tout ! Les bêtises de son fils ont beau le désoler, il préfère que celui-ci fasse ses propres erreurs. Peut-être craint-il, aussi de passer pour « le méchant de service » s'il se fâche.

- Thomas entre en troisième. En huit ans, jamais sa famille n'a surveillé son travail. Seul face à ses succès comme à ses difficultés, Thomas se sent abandonné. De leur côté, ses parents croient bien faire en lui témoignant une confiance absolue. Leur fils travaille pour lui-même et non pour eux, de toute façon...

Conclusion

Garde-toi de surinterpréter. L'indifférence de tes parents n'est souvent qu'une façade liée à leur vécu. D'ailleurs, sais-tu dans quelle ambiance ils ont grandi ? Laxiste ou autoritaire, affectueuse ou distante... Demande-leur !

Pour resserrer les liens

- **Crever l'abcès.** Peu de problèmes s'arrangent d'eux-mêmes ! Tes parents pensent certainement bien faire en agissant ainsi. Exprime-leur ta souffrance et tes envies (leur confier tes soucis, recevoir leur aide, etc.). Renouer le dialogue est un pas décisif.
- **Partager des activités** type cinéma, balades. Et si vous conveniez d'une journée « famille » par mois ?

Période de crise

Divorce, chômage, problèmes personnels... Plongés dans la tourmente, tes parents « t'oublient ». Tu n'en es pas responsable ! La situation s'arrangera sans doute lorsqu'ils sortiront la tête de l'eau. En attendant, ose leur faire part de ton désarroi. Le moment est mal choisi, penses-tu ? Ne reste pas seul(e), mais tourne-toi vers un adulte de confiance (grands-parents, oncle, marraine, etc.).

À l'inverse, tes parents t'impliquent trop dans leurs problèmes. Tu es leur confident, leur messager, et ce rôle te pèse. Dis-leur gentiment ce qu'ils savent déjà, au fond : là n'est pas ta place d'enfant. Si tu peux les encourager à trouver une solution, leur en apporter une n'est pas de ton ressort.

Il n'y en a que pour mon frère/ma sœur

Avant de crier au favoritisme, remets la situation en perspective : ton frère/ta sœur est tout(e) petit(e) ? Il (elle) souffre de problèmes scolaires, de santé ? Tes parents peuvent se dire qu'il (elle) a davantage besoin d'eux que toi. N'hésite pas à leur en parler et à réclamer tant que possible un traitement juste.

MES PARENTS LIVRÉS AVEC DÉCODEUR INTÉGRÉ

Tu as l'impression que tes parents viennent d'une autre planète ? L'incompréhension guette ? Vite, une oreillette !

Un dialogue de sourds ?

Beaucoup d'ados se plaignent d'être incompris de leurs parents, et beaucoup de parents de ne plus communiquer avec leur(s) ado(s) ! Et si ces blocages tenaient surtout à un malentendu ? Entre ce que tu comprends, toi, et ce que tes parents cherchent à te dire, le fossé peut être énorme. Démonstration.

Décodage express

Déroutés de te voir changer, tes parents essaient bien souvent de rétablir le contact. Ils tentent aussi de te protéger en te donnant un cadre, des repères. Allez, encore un effort pour une communication sans accroc !

Ce qu'ils disent		Ce que tu entends		Ce qu'ils veulent dire
Sortir dans cette tenue ? Hors de question !	→	Qu'est-ce qui te prend, je ne te reconnais plus ? / Oh, quel mauvais goût !	→	Je crains pour ton image (ou la nôtre), et même pour ta sécurité.

Ce qu'ils disent		Ce que tu entends		Ce qu'ils veulent dire
Crois-en mon expérience, je suis déjà passé(e) par là !	→	Tais-toi, je ne ferai pas l'effort de me mettre à ta place.	→	Je comprends ce que tu vis, laisse-moi t'aider !

Le pitch d'un scénario à succès

- **Écoute parfaite et son HD.** Trouve un moment calme, où tes parents sont disponibles. S'ils sont stressés ou énervés, mieux vaut attendre.

- **Exprime-toi sans sous-titres**, à cœur ouvert. Il serait étonnant que tes parents te repoussent, car même maladroits, ils t'aiment.

- **Évite le clap de fin.** Un conflit et vous voilà fâchés ! Parle comme tu souhaites que l'on s'adresse à toi, avec respect.

- **Signez un contrat** parce que les paroles s'envolent et que les écrits restent. **Pour cela, rendez-vous page suivante.**

FICHE
ADOS, LE CONTRAT DE CONFIANCE

Pour que la confiance règne à la maison, rien ne vaut un contrat clair. Consenties, les règles sont mieux respectées !

Mode d'emploi : liste les points de discorde avec tes parents (argent de poche, sorties, Internet...). Discutez-en pour arriver à un accord valable jusqu'à une certaine date. Cet accord comprend les règles à respecter par chacun ainsi qu'une sanction en cas d'infraction. Rédigez le tout et signez.

Contrat entre .... et ses parents.
Fait le .... Valable jusqu'au ....

Domaine	Notre accord	Mes engagements	Engagements parents	Sanction si infraction
Vie en communauté	Tenir ma chambre propre.	- Ranger. - Passer l'aspirateur. - Vider mes poubelles.	Frapper avant d'entrer dans ta chambre.	Rester le samedi à la maison pour faire le ménage.
Sorties	2 fêtes par mois avec retour à 21 h.	Garder mon portable allumé et appeler si souci.	Organiser une fête par trimestre.	Privation de sorties.
Collège	Remonter de 2 points ma moyenne générale.	- Ne plus sécher de cours. - Demander de l'aide.	- Accepter une mauvaise note. - Aider aux devoirs.	Plus de sorties jusqu'à nouvel ordre.

Une fois le contrat expiré,
rediscutez-en en famille. Certains points peuvent être ajoutés, supprimés ou renégociés. À vous de voir !

La confiance n'exclut ni le contrôle, ni la sanction ! À choisir, promets moins et respecte tes engagements plutôt que l'inverse.

PAS À PAS VERS L'AUTONOMIE

Argent de poche, sorties, vacances, ton désir d'indépendance grandit avec toi... Autonomie, te voilà !

Un long parcours

Te débrouiller seul(e), tu en rêves ? Patience, l'autonomie ne se gagne pas en un jour ! C'est plutôt un chemin qui, étape après étape, te conduira vers l'indépendance et l'âge adulte. Et comme toute chose, elle a un prix : sacrifier un peu de ton confort et assumer des responsabilités. Si par exemple tu gères ton argent de poche, ne réclame pas de rallonge à tes parents…

Autonomie à géométrie variable

Mathilde peut sortir le soir, Dylan partir cet été avec ses amis, et toi, non ? Là encore, patience. Si certains parents responsabilisent tôt leurs enfants, d'autres sont réticents, et cela ne signifie pas qu'ils manquent de confiance en toi. C'est plutôt du monde extérieur qu'ils se méfient… a fortiori si tu les tiens à l'écart de ta vie, que tu es une fille (a priori plus exposée qu'un garçon) et que vous habitez une grande ville.

Être l'aîné(e)

À l'âge de ton frère/ta sœur, tu avais moins de liberté ? Rien d'étonnant. Les parents évoluent avec leurs enfants et tendent à moins couver le « petit dernier ». Par ailleurs, il est fréquent qu'ils demandent à l'aîné(e) d'endosser des responsabilités, comme garder son petit frère. Cette preuve de confiance te pèse ? Discutez-en.

5 règles pour gagner ton autonomie

1- Tenir tes engagements

C'est la base, comme de prévenir si tu n'y arrives pas.

2- Agir avec mesure

Bouder à la moindre contrariété, mauvais point. Tu affirmes avoir grandi ? Prouve-le !

3- Prendre des initiatives

Acquitte-toi d'une corvée avant de rejoindre tes amis, occupe-toi de ton linge sans qu'on te l'ait ordonné… Te pister deviendra alors inutile.

4- Mesurer les risques

Monter sans casque sur un scooter, non merci. Que tes parents se rassurent, tu as la tête sur les épaules !

5- Éviter les bêtises

Comme imiter leur signature sur un bulletin ou faire le mur.

Voler de tes propres ailes t'angoisse ?

Rassure-toi, devenir autonome ne signifie pas tourner le dos au nid familial. Dans l'idéal, c'est plutôt vivre tes expériences en sachant qu'au besoin, tes proches seront là pour te soutenir. Et qu'en cas de raté, ni leur confiance ni leur amour ne seront remis en jeu. De quoi évoluer plus sereinement !

Paroles d'ados

Ambre et Océane : « Avant de nous laisser une journée, notre mère nous répète vingt fois les consignes. Hier, on l'a appelée pour faire pareil : "Maman, tu as verrouillé la voiture ?" "Tu as mangé à midi ?" Elle a compris ce que ça fait, et rire d'elle-même l'a déstressée. »

Fatou : « J'ai présenté toutes mes copines à mes parents… Maintenant qu'ils les connaissent, ils sont rassurés et me laissent plus facilement sortir ! »

Tu as menti à tes parents

Comment récupérer leur confiance ?

- **Avoue** plutôt que t'enferrer dans le mensonge. Puisqu'ils savent que tu étais à une fête et non chez Chloé, à quoi bon nier ?
- **Explique-toi**. Tu as menti par peur de leurs questions, de leur réaction ou d'un refus ? Une fois leur colère retombée, vous pourrez éventuellement en discuter.
- **Excuse-toi** et accepte la punition s'il y en a une.
- **Patiente** avant de rouvrir le sujet des sorties. Le moment venu, mettez-vous d'accord : où, jusqu'à quelle heure, etc.

TEST

COMMENT MÈNES-TU UNE NÉGOCIATION ?

À chacun sa méthode pour obtenir ce qu'il veut !
Mais quelle est la tienne, au juste ?

Mode d'emploi : pour chaque proposition, note un chiffre de 0 à 3 dans chaque colonne. 0 signifie que tu ne te comportes jamais ainsi avec ces personnes ; 1, parfois ; 2, souvent et 3, presque toujours.

Pour convaincre quelqu'un de te donner quelque chose, tu vas...	Parents	Profs	Amis
Lui présenter les avantages à te dire oui.			
Lui signifier d'emblée qu'il a intérêt à t'obéir.			
Te montrer adorable pour qu'il se sente obligé.			
Le prévenir que tu ne lâcheras pas le morceau !			
Réfléchir à ce que tu proposeras en échange.			
Dire, la bouche en cœur : « Oh, ça me ferait tellement plaisir ! »			
Cependant, cette personne te résiste ! C'est le moment de...			
Jouer la carte des sentiments : elle hésite parce qu'elle ne t'aime pas ?			
Développer tes arguments, certains ont dû lui échapper.			
Lui arracher un « Tope là ! » et te sauver avant qu'elle ne se ravise.			
T'engager à « renvoyer l'ascenseur ».			
Crier à l'injustice, au complot, au traître !			
Pleurer. Ça marche bien.			
Mais alors que tu la croyais convaincue, son aide ne vient pas.			
Tu redemandes encore, encore et encore.			
Tu te victimises : pourquoi se montrer si dur avec toi, un être si gentil ?			
Y aurait-il un malentendu ? Une mise au clair s'impose !			
Tu en appelles à l'honneur. Chose promise, chose due !			
Tu demandes gentiment des comptes. C'est pour quand ?			
Tu menaces des pires représailles, tiens !			
Total intermédiaire en jaune			
en bleu			
en vert			

RÉSULTATS

Pour chaque couleur, calcule ton **score final** en additionnant tes totaux intermédiaires, puis découvre tes résultats.

Ta méthode ? Score final max en ...

JAUNE : *Corde sensible*

Pour faire plier quelqu'un, tu le vises droit au cœur ! Identifier ses faiblesses afin d'en jouer, en appeler à ses bons sentiments, te poser en victime... Ta tactique est parfois limite parce qu'au fond, elle repose sur la culpabilité : te dire non, c'est ne pas t'aimer. Vraiment ?

Total intermédiaire max en ...

Parents :
Pas sûr qu'ils goûtent à ton chantage affectif... Et si tu mixais avec un peu de gagnant-gagnant ?

Profs :
Ta méthode fonctionne s'ils ont le cœur tendre. À n'utiliser que lorsque tu es dos au mur !

Amis :
Les « Si tu refuses, c'est que je ne compte plus pour toi » suggèrent que tu doutes de leur affection... Pose moins de conditions !

BLEU : *La fin justifie les moyens*

À tes yeux, tous les moyens sont bons : insister, te fâcher, promettre la lune ou menacer... Et ça marche. L'ennui ? Négocier avec toi peut laisser le goût amer d'un oui arraché. Ou pire, l'impression d'avoir été roulé !

Total intermédiaire max en ...

Parents :
À la maison, ça doit crier souvent. Les compromis, c'est bien aussi !

Profs :
Tu risques de devenir leur bête noire... L'autorité est censée être de leur côté, non ?

Amis :
Fais-leur plus souvent plaisir. Autant de disputes et de rancœurs en moins !

VERT : Gagnant-gagnant

Pour toi, chacun doit trouver son compte dans une négociation ! Disposé(e) à lâcher du terrain si nécessaire, tu mises sur les contreparties et les compromis. Même défavorables, ils valent mieux qu'un non... à condition que chacun respecte sa parole.

Total intermédiaire max en ...

Parents ou profs :
Voilà de quoi bien disposer tous ces adultes à ton égard ! Un bon point pour obtenir un peu plus qu'escompté...

Amis :
Ils savent qu'avec toi, il y a moyen de s'entendre... Ne les laisse jamais en abuser !

FICHE
LE B.A.-BA DE LA NÉGOCIATION

Une bonne négociation ne signifie pas l'emporter sur tous les tableaux, mais plutôt que personne ne se sente perdant ou lésé à la fin. Petite mise à plat.

Le point de départ : constater un désaccord

Comprendre la position de chacun permet de trouver un terrain d'entente !

Exemple : tu veux partir en camping avec tes amis ; tes parents refusent parce qu'ils te trouvent trop jeune. Comme tu ne peux pas te vieillir, tu vas identifier et négocier avec eux les points qui te rapprocheront de ton « objectif ».

Vois la négociation comme un chemin qui vous conduit l'un vers l'autre. À chacun d'en faire un bout !

Étape 1- Avoir des objectifs réalistes

Ton idée, c'est de partir seul(e) avec ta bande ? Normal que tes parents rechignent ! Revois tes ambitions à la baisse et liste tes priorités : passer du temps entre amis ? Prendre tes distances avec ta famille ? Le moins important, tu le lâcheras en cours de négociation.

Étape 2- Adapter tes arguments pour trouver une solution

La crainte de tes parents ? Que tu fasses n'importe quoi. Rassure-les et propose-leur des aménagements : camper dans le jardin de la mère d'un ami, les appeler chaque soir… L'idéal serait de contenter tout le monde : tes parents t'accompagnent mais plantent leur tente loin de la tienne, par exemple.

Étape 3- Tabler sur le donnant-donnant

Grouper Noël et ton anniversaire pour financer ton séjour, aider davantage à la maison… Quelles contreparties es-tu prêt(e) à consentir ? Attention, il faudra les tenir !

« Tu ne comprends jamais rien ! »

Voilà la phrase magique pour bloquer tout dialogue ! Mise plutôt sur l'ouverture avec : « Je comprends ton point de vue, mais on dirait que tu n'as pas confiance en moi… Que faire pour que tu changes d'avis ? »

TEST

QUEL PARENT SERAIS-TU ?

Facile de critiquer tes parents, mais comment te débrouillerais-tu à leur place ? Mets-toi dans leur peau pour répondre à ces questions !

Ton fils t'annonce qu'il va à une fête. Chez qui ? « Tu ne connais pas ! », dit-il. Ta réponse :

- ○ « Mais je ne demande que ça… Tu me présentes ? »
- □ « Et rester à la maison, tu connais ? »
- × « Bon, dans ce cas… Rentre avant minuit, hein. »

Mécontent de ta réponse, ton fils pique une crise.

- × C'est de ta faute, tu l'as braqué.
- ○ C'est abuser, tu te fâches à ton tour.
- □ C'est n'importe quoi, il te doit le respect !

T-shirt lolita, minijupe fluo et collants déchirés, voilà la tenue de ta fille ce matin.

- □ Mais où va-t-elle comme ça ? Retour dans sa chambre, et vite !
- × Elle explore sa féminité, ça lui passera.
- ○ Là, veto, elle va s'attirer des ennuis.

Quand tes cadets rechignent à saluer leur grand-mère…

- ○ Tu leur livres le fond de ta pensée : ils exagèrent.
- □ « Bonjour, merci, au revoir », tu leur rappelles la politesse.
- × Tu t'excuses à leur place, évidemment.

Tu surprends ta petite dernière une cigarette aux lèvres.

- □ Le choc ! Elle a trahi ta confiance, ça va barder !
- × Inutile d'en faire un plat. Elle fume depuis quand, au fait ?
- ○ Tu l'avertis des dangers du tabac en espérant qu'elle t'écoute.

Aïe aïe aïe, le bulletin scolaire de ton fils !

- ○ Tu t'inquiètes. Il a un souci ? Vous pouvez en discuter ?
- □ Tu sévis. Adieu les sorties, bonjour les devoirs !
- × Les profs sont trop durs, c'est bien connu.

Ton aînée, 16 ans, aimerait inviter son chéri pour la nuit.

- ✕ Sans problème. Il restera aussi dimanche ?
- ○ Tu hésites, mais entre ça et faire des bêtises dans ton dos...
- □ Hors de question, ta maison n'est pas un hôtel.

Trois fois que ton fils zappe la corvée de vaisselle, et trois fois...

- ○ Que tu lui rappelles qu'aider à la maison, c'est normal.
- □ Que tu lui cries « Je ne suis pas ton (ta) domestique ! »
- ✕ Que tu t'en charges à sa place.

Voilà une heure que ton ado écoute du hard rock à fond.

- ✕ Il t'initie, c'est génial.
- □ Tu lances une opération punitive.
- ○ Maintenant, stop ou tu finiras sourd(e) !

RÉSULTATS

Totalise tes symboles.

Max de ✕ : parent-copain

Imposer ta volonté à tes enfants serait à tes yeux un abus d'autorité. Puis te montrer inflexible, n'est-ce pas risquer de perdre leur amour ? Alors, loin de les diriger, tu te positionnes en bon(ne) ami(e) : tu peux tout entendre, tout excuser et même couvrir leurs erreurs. Le risque ? Qu'ils manquent de repères et t'accusent, plus tard, de ne pas leur avoir posé de limites. Parce que mine de rien, c'est un devoir d'adulte.

Max de □ : parent-sévère

Avec toi, il faut que ça file droit ! D'abord, tu tiens à tes principes d'éducation, telle que l'obéissance due aux adultes ; ensuite, tu veux transmettre des valeurs fortes, comme le respect d'autrui et le goût de l'effort. Sans elles, tes enfants risqueraient de rater leur vie, penses-tu. Du coup, tu les mènes à la baguette au nom de leur bien-être... L'intention est louable, mais gare au retour de bâton : trop d'autorité mène à la rébellion.

Max de ○ : parent-flexible

Entre autorité et écoute, pas simple de trouver la bonne distance avec tes enfants... Ce qui ne t'empêche pas d'essayer, convaincu(e) que le dialogue résout bien des problèmes. Et si tu leur prêtes volontiers l'oreille, tu sais également te montrer ferme. L'adulte, c'est toi ! En somme, tu as compris l'essentiel : être parent, c'est aider ses enfants à s'épanouir. Bâtir une relation de confiance avec eux est un excellent début !

L'ART DE BIEN M'ENTOURER

Ta confiance en toi et ton bien-être dépendent aussi de ton entourage. Encore faut-il te diriger vers les bonnes personnes !

Un choix crucial

Comme le dit une vieille chanson, « On ne choisit pas ses parents, on ne choisit pas sa famille »... mais ses amis, oui ! Ils sont d'autant plus importants qu'ils partagent ton quotidien, tes joies, tes peines, tes secrets, bref, un bout de ton cœur. Sans compter qu'ils influencent, parfois à ton insu, tes pensées, tes décisions, ton bien-être, voire ta vie. D'où la nécessité de bien les choisir !

La qualité prime sur la quantité. Mieux vaut avoir peu d'amis, mais des vrais, que des dizaines de faux copains... surtout s'ils sont virtuels.

Qu'est-ce qu'un bon ami ?

Quelqu'un de confiance, qui ne se sauvera pas au premier pépin, bien sûr. Mais à vrai dire, chacun en a sa définition : camarade, confident(e), âme sœur... Tout dépend de nos priorités. L'essentiel ? Que cette personne te soit bénéfique, comme Matt l'éternel optimiste. Un(e) bon(ne) ami(e) doit te tirer vers le haut, car il (elle) souhaite ton bonheur ! Les jaloux, les profiteurs, les méprisants... ceux-là ne te font que du mal et t'empêchent d'avancer.

Une étude américaine a régulièrement mesuré le bonheur de 4739 personnes sur 20 ans. Conclusion : notre bonheur dépend en partie du niveau de bonheur de notre entourage !

Mise au point nécessaire

Comme toi, les amitiés évoluent... Avec le temps, il se peut qu'un(e) ami(e) s'éloigne ou te déçoive. Solène, par exemple, qui ne t'appelle plus que pour se plaindre. Tu as l'impression de n'être que son « déversoir » ! Si tu ne souhaites pas couper les ponts, deux solutions : prendre tes distances ou lui parler pour assainir la situation. Elle te tourne le dos ? C'est embêtant, mais après tout, c'est son choix.

Entretiens les liens avec tes amis ! Sorties ou petits cadeaux, montre-leur ton affection et relance ceux qui te manquent.

Bien placer la barre

Personne n'est infaillible ! Toujours satisfaire ses amis, c'est impossible. En cas de raté, privilégie le dialogue au conflit (et excuse-toi si le raté est de ton côté). La franchise de certains amis peut aussi te brusquer, mais s'avérer utile par la suite. Il te faut juste du temps pour la digérer.

Frères et sœurs, un lien profond

Entre toi et ta fratrie, il existe sans doute une complicité bâtie depuis l'enfance. Vivre ensemble, se disputer, se réconcilier, tout cela crée des liens ! Et même si ton frère n'est pas ton meilleur ami, que vous êtes différents et parfois rivaux, pouvoir compter l'un sur l'autre est une force irremplaçable. Ne t'en prive pas.

Besoin d'un détecteur à personnes néfastes ? Rends-toi page 144.

Les amis virtuels

Te faire des amis sur Internet ? Pourquoi pas, mais avec prudence. Certaines personnes s'inventent une vie ou des problèmes pour attirer ta sympathie. D'autres ont de mauvaises intentions en tête, et l'anonymat de la toile est leur allié. N'accepte aucun rendez-vous dans la « vraie vie » et ne communique ni infos personnelles, ni photos à un simple pseudo. Tu ignores qui se cache derrière et comment elles seront utilisées.

En cas de problème, Net Écoute : netecoute.fr ou 0800 200 000 (lundi-vendredi, 9 h-19 h)

MON MODÈLE, CE HÉROS

Dis-moi qui tu admires, je te dirai qui tu veux devenir !

Un modèle, quoi de plus naturel ?

Amis, parents, sportifs ou stars, il y a sans doute des personnes auxquelles tu aimerais ressembler. Elles ont à tes yeux des qualités, des valeurs, un mode de vie auxquels tu aspires. En quelque sorte, elles sont devenues tes modèles : des guides, des repères qui t'aident à façonner ta personnalité et à te construire pour devenir adulte.

Vic, tu le (la) copies en tout. Et si tu t'en inspirais sans étouffer pour autant ton identité ?

Modèles un jour, modèles toujours ?

Peu probable, car tes « références » changeront sûrement. Tout dépendra de tes valeurs, de tes centres d'intérêt, des circonstances. Ainsi, tu pourrais bien brûler demain ton idole d'aujourd'hui ou admirer l'oncle que tu jugeais si ringard ! En outre, plus tu rencontres de gens, plus tu élargis ton « panel » de modèles. Il se peut également qu'un jour, tu n'en aies plus besoin, même si être adulte et avoir un modèle n'ont rien d'incompatible.

À l'opposé, les contre-modèles que tu t'appliques à ne pas imiter…

« Regarde ta sœur, elle, au moins… »

Que cette phrase-là t'énerve ! On te met sous le nez un exemple à suivre alors que toi, tu veux être toi-même. Et si tu le disais gentiment ?

C'est pour un sondage !

Respect, honnêteté et confiance en soi*, voilà les valeurs que les ados attendent que les adultes leur transmettent. Pour se construire, 85 % de jeunes disent compter sur les adultes (leur mère, puis leur père, puis leurs amis). De leur côté, 73 % des adultes croient que les ados n'ont pas besoin d'eux ! Ton avis ?

* Résultats tirés du sondage Ipsos Santé, réalisé du 12 au 19 mars 2012.

Fan d'une star, tu la pares des qualités que tu rêves de posséder. Ah, avoir du talent, être beau (belle), riche et célèbre ! En fait, tu la copies même jusqu'à l'obsession. Attention à ne pas « passer à côté de ta vie ». Être fan, c'est génial si cela te pousse à développer tes propres talents… pour être admiré(e) à ton tour, qui sait ?

CES PERSONNES TOXIQUES...

Pires que des poisons, les personnes toxiques te font douter de toi, te dépriment, te rabaissent... Bref, elles te gâchent l'existence. Vite, des antidotes !

Les reconnaître

Léa et ses plaisanteries humiliantes, Tony et sa permanente jalousie, et si ces deux-là t'étaient toxiques ? Voici quelques critères pour repérer tes faux amis :

- En leur présence, tu te sens inquiet ou inquiète, stressé(e), déprimé(e)...

- Ils te critiquent, te jugent et te rabaissent, de préférence en public. À eux les injures déguisées en compliments, qui t'ôtent tout mérite.

- Ils sèment le doute sur tes capacités : tu n'es pas assez intelligent(e), efficace, etc. Tu as un projet ? Ils te découragent. Tu n'y arriveras jamais !

- Ils te mentent, te donnent des ordres, te harcèlent et te menacent si tu leur résistes.

- Ils envient tes réussites et cherchent à s'approprier tes amis, tes affaires.

- Ils se défilent lorsque tu as besoin d'eux, mais te sollicitent souvent.

- Pour la bienveillance, tu repasseras !

Certains « toxiques » ne cherchent pas sciemment à te nuire. T'aimer et te faire du mal, ce n'est pas incompatible.

Qui sont les « toxiques » ?

Ami(e), petit(e) ami(e), professeur ou membre de ta famille... N'importe qui ! Mais un « poison » pour toi ne l'est pas forcément pour quelqu'un d'autre : sur Jules, la méchanceté de Léa n'a aucune prise. À chacun sa sensibilité et ses faiblesses ! À noter, aussi, qu'une personne peut *devenir* toxique. Depuis que tu es amoureux(se), ton ami(e) d'enfance ne cesse de te critiquer, comme si ton bonheur le (la) dérangeait...

Paroles d'ados

Suzanne : « Deux amies montaient la classe contre moi. On m'avait prévenue, mais je refusais d'y croire. Il m'a fallu un an pour comprendre leur petit jeu. »

Mouss : « Si on ne te respecte pas, fuis. Avec des amis pareils, pas besoin d'ennemis ! »

Autotoxicité

« Je suis minable, je rate tout... » De telles pensées te blessent et peuvent même affecter ton comportement : persuadé(e) de ta « nullité », tu n'entreprends plus rien. En vérité, tu t'autoconditionnes à l'échec ! Autre effet pervers : parler ainsi de toi, c'est amener les autres à te croire ou pire, à te parler de la même façon. Ils ne font que répéter tes mots, après tout. Traite-toi comme tu voudrais qu'un(e) ami(e) te traite, avec respect et bonté.

Les « mauvaises fréquentations »

Tes parents n'aiment pas ton/ta chérie ou tes ami(e)s. Est-ce injuste ? Peut-être. Voici néanmoins trois signaux d'alerte à ne pas négliger :

1- Au contact de ces personnes, ton comportement s'altère et/ou tes résultats scolaires baissent.

2- Elles t'associent à des actes répréhensibles et/ou qui te vaudront des ennuis (harceler quelqu'un, voler dans les magasins, etc.).

3- Elles t'encouragent à consommer des substances (tabac, cannabis, alcool, etc.). N'absorbe jamais une « pilule magique » sans savoir ce qu'elle contient. Tu pourrais être très malade, voire pire ! Oublie aussi les concours du type *binge drinking* : boire en grande quantité pour se soûler très vite. Tu risques de perdre le contrôle, et surtout de le payer très cher.

Comment gérer les personnes toxiques ?

S'il t'est impossible de couper les ponts, essaie de t'en tenir à l'écart en leur fixant des limites : Léa, qu'elle se garde ses vilaines remarques ! Lorsque tu ne te sens pas de taille, tu peux demander à un ami ou un adulte d'intervenir. Un *stop !* porte parfois ses fruits. Et pour te protéger, il y a des parades. Lesquelles ? **Tourne la page.**

FICHE
PARADES ANTITOXIQUES

Voici quelques tactiques éprouvées pour se protéger des « poisons ». Le tien n'est pas dans cette liste ? Pioches-y des idées.

LE CRITIQUEUR

Profil : tout lui est prétexte à râler ! Ses remarques, commentaires et jugements t'humilient et à la longue, te minent. La vérité ? Sa faible estime de lui-même le pousse à te ramener à son niveau.
Défauts : méchant, malveillant, moqueur.

Parades

- **La franchise**. Avoue-lui qu'à l'entendre, tu n'es jamais à la hauteur. Que te suggère-t-il concrètement ? Tu l'écoutes (ou pas).
- **L'humour décalé**. Mise sur l'effet de surprise en répondant à une agression (« Ta robe te boudine ! ») par un compliment (« Moi, j'adore ta veste ! »). Sinon, dis en prendre bonne note… pour la prochaine fois.

LE CULPABILISATEUR

Profil : tu t'en veux ? Il appuie là où ça blesse. Tu vas mal ? C'est ta faute, jamais la sienne. Tu vas bien ? Quel(le) égoïste tu fais ! Son principe ? Tu as systématiquement tort… et aucun droit au bonheur (mais ça, il le tait).
Défauts : moralisateur, jaloux, victime née (il va toujours mal, tu dois le ménager !).

Parades

- **Le contrepied**. Reprends ses accusations à froid (« Tu es égoïste ! »), repère ce qu'elles ont d'idiot ou de faux (Fred, au contraire, tu n'arrêtes pas de l'aider) et remplace-les par une affirmation positive (« Je suis un bon ami, en fait »).
- **Le miroir**. Imite ton poison en exagérant ses propos jusqu'au ridicule (« Vraiment ? Tout est de ma faute ? Oh, mais il faut me puniiiiiir ! »). Il s'abstiendra d'en rajouter !

Tu as remarqué ?

La plupart des toxiques manquent cruellement de confiance en eux. Rabaisser les autres, c'est se grandir et leur gâcher la vie, c'est exister…

LE MANIPULATEUR

Profil : ses buts ? T'utiliser et/ou te dominer. Ses méthodes vont du sournois (flatteries, mensonges, mauvaise foi) à l'ouvertement odieux (menaces, chantage, etc.). Mais jamais il ne t'avouera ses réelles intentions !
Défauts : dominateur, hypocrite, menteur, égoïste, profiteur.

Parades

- **La (fausse) colère**. Tonne « Assez, ça suffit ! » avant de t'en aller. À utiliser avec maîtrise et modération.
- **La fermeté**. Au lieu de te justifier, campe sur tes positions avec un « Ah, mais tu insistes ! ». Sinon, répète-lui ta réponse jusqu'à ce qu'il se lasse (tactique du disque rayé). Un manipulateur se détourne vite de ceux qui lui résistent, mais attention : contrariés, certains deviennent violents.

LE COMPÉTITEUR

Profil : des notes au nombre d'amis, il t'asphyxie à force de rivalité. Il adore t'écraser, mais quand tu le dépasses, il se fâche.
Défauts : orgueilleux, vantard, mauvais perdant.

Parades

- **L'indifférence**. Renonce à relever ses défis et lorsqu'il se vante, ne renchéris pas. Finie la compétition !
- **L'humour**. « Avec ta médaille, tu es content ? », « On le sait, que tu es le meilleur ! » Voilà de quoi le calmer. Sinon, demande innocemment : « Tu veux toujours gagner, je me trompe ? »

Empoisonner les autres malgré soi

Tes attitudes gênent tes amis ? Ils en viennent à te fuir ? Affirmer « Je n'y peux rien / Quels imbéciles ! » ne te mènera nulle part. Même si c'est dur, oublie l'orgueil et remets-toi en question. Penser positif te facilitera la tâche : tu n'es ni mauvais(e) ni incapable, tu as au contraire l'opportunité d'améliorer la situation. Saisis-la !

Source : *Ces gens qui vous empoisonnent l'existence,* Lilian Glass, 2013, collection « Poche Marabout ».

JE NE SAIS PAS DEMANDER DE L'AIDE…

Tu préfères bloquer sur un problème plutôt que demander des explications ? Et si tu commençais par résoudre… ton problème avec ça ?

Demander, c'est dur !

Beaucoup de gens sont comme toi : par peur de déranger, de paraître idiots, de se sentir redevables, ils hésitent à demander du renfort, un soutien, des explications, un service, etc. Faire cette démarche revient à se placer en position d'infériorité, pensent-ils, car c'est s'avouer incapable de se débrouiller seul. Dur à avaler côté fierté… Mais le pire serait encore d'encaisser un refus !

J'ai trop peur de déranger…

Déjà, qui te dit que tu dérangeras ? L'autre peut être ravi, au contraire. S'il ne l'est pas, libre à lui de refuser ! À toi de préciser d'emblée : « Tu peux dire oui ou non. » C'est oui ? Pars du principe qu'on t'aide de bon cœur. C'est non ? N'y vois pas forcément un rejet, ce refus n'a peut-être rien à voir avec toi.

Une preuve de maturité

Pourtant, demander n'est pas une faiblesse, mais une force. C'est avoir le courage de reconnaître ses limites, de vouloir débloquer une situation et de s'améliorer : si tu caches que pour toi, les maths sont du chinois, tu ne progresseras jamais ! Tu crains de montrer tes lacunes ? Rassure-toi : personne n'a la science infuse et tôt ou tard, on a tous besoin d'un coup de pouce…

Une valorisation d'autrui

Lorsqu'on te demande de l'aide, comment te sens-tu ? Valorisé(e), certainement, car on te reconnaît une compétence (tu as du sens pratique, tu sais écouter…). De plus, on te fait confiance et être utile, ça fait toujours plaisir ! Alors, pourquoi serait-ce différent quand c'est toi qui demandes ? Mieux : si tu ne fais jamais appel à tes amis, certains se diront que votre amitié est fausse. Sinon, tu compterais sur eux…

« Ce qu'on risque à demander, c'est un oui ! »

On t'aide ? Profites-en ! Si tu as encore des questions, pose-les. Pour les aspects pratiques (utiliser un logiciel, etc.), prends des notes.

Qui appeler à la rescousse ?

Selon la nature de ton problème, tu as le choix entre :

1- Un adulte de confiance

Membre de ta famille, professeur, etc.

2- Tes amis

Attention, ils ne sont pas toujours mieux informés que toi !

3- Un professionnel

Psys, médecins et infirmiers scolaires sont tenus au secret médical (mais si tu es en danger, ils doivent en parler à tes parents).

4- Des numéros d'aide

Ils sont anonymes et gratuits.

Fil santé Jeunes : 0800 235 236

Jeunes Violence Écoute : 0808 807 700

Planning familial (sexualité, contraception…) : 0800 08 11 11 ; 0800 105 105 pour la région PACA.

Les forums sur Internet, pourquoi pas, mais garde ton esprit critique. Beaucoup de bêtises s'y écrivent !

Comment demander ?

D'abord, identifie ton problème. De quoi as-tu besoin ? De conseils, d'un dépannage (ton ordi a buggé), d'autre chose ? Identifie ta « personne-ressource » et assure-toi qu'elle est disponible. C'est le cas ? Formule ta demande de façon claire et polie, en la remerciant si elle accepte. Et pour montrer ta reconnaissance, offre-lui un petit cadeau ou simplement ton aide à l'avenir.

Valeur et compétence

Ne confonds pas les deux ! Être incompétent(e) dans un domaine ne signifie pas être nul(le). Avec du travail et du temps, tout s'apprend. Faire dépendre ta valeur personnelle de tes connaissances sur un sujet est aussi faux que néfaste.

TENDRE LA MAIN

Tu souhaites mettre ton énergie et ta bonne volonté au service des autres ? Ou mieux, t'engager dans un projet ? Bravo !

Aider les autres, s'aider soi-même

Imagine un monde où l'indifférence et l'égoïsme régneraient en maîtres : les personnes âgées seraient abandonnées car « inutiles », les malades privés de soin… Un cauchemar, n'est-ce pas ? Sans entraide, pas de lien social ni même de société possible ! Par ailleurs, se rendre utile renforce son estime de soi : on apporte aux autres notre savoir et nos qualités, on leur permet de démêler leurs problèmes et d'avancer. Aussi gratifiant qu'enrichissant !

« Donner, c'est recevoir bien davantage ! »

Vive la solidarité !

Porter les courses d'une mamie, promener le chien de ta voisine alitée, remonter le moral d'un ami… Il y a mille petits gestes qui soulagent. Demande-toi (et demande aux autres) comment leur rendre service. Tu contribueras à leur bien-être et, à plus large échelle, à améliorer le monde qui t'entoure. Sans compter qu'aider, c'est aussi encourager les gens à t'imiter le jour où quelqu'un aura besoin d'eux.

Les limites de l'aide

- **Aider, un geste gratuit.** Imagine un ami qui, dans un petit carnet noir, comptabiliserait tous les services qu'il t'accorde. Atroce ! Si espérer un renvoi d'ascenseur est légitime, l'exiger est le meilleur moyen pour… qu'on se passe de ta « bonne volonté ».
- **Être utile et non utilisé(e).** Tu as l'impression qu'on abuse de toi ? Pose gentiment, mais fermement tes limites aux profiteurs.
- **Ne pas exagérer !** Aider les autres, parfait. Mais toujours tout faire à leur place, ce n'est pas leur rendre service.

Et le bénévolat, alors ?

Encadré(e) par des adultes, tu veux mettre tes compétences et un peu de ton temps au service d'un projet commun. Excellente idée ! Tu pourras ainsi rencontrer de nouvelles personnes, apprendre des techniques et acquérir un savoir-faire, comprendre comment monter des projets… Autant d'expériences qui te serviront à l'avenir.

Trop jeune pour t'engager ? Du tout. Certaines associations comme la Croix-Rouge proposent des activités dès 7 ans. Mais au préalable, il te faudra l'accord de tes parents.

Comment choisir ? Humanitaire, protection de la nature, refuges pour animaux… Difficile de faire le tri parmi le million d'associations qui existent ! Trouve ton bonheur sur *www.jeunes.gouv.fr*, le site du ministère de la Jeunesse et des Sports, ou encore dans le moteur de recherche de *www.jeuneetbenevole.org*, dédié aux 14-25 ans.

Donner de l'élan à tes projets

Création d'un club de soutien entre midi et deux, fabrication de crêpes pour financer une école en Inde, collecte pour une banque alimentaire… Et si ton collège t'aidait ? Parle de ton idée à l'équipe pédagogique : tes profs peuvent avoir envie de s'engager à tes côtés.

Pour donner plus de corps à ton initiative, pense aux Juniors Associations, qui accompagnent tes projets dès tes 12 ans. Leur site : *www.juniorassociation.org*

Tu n'as que peu de temps ? Préfère les actions ponctuelles à un engagement durable qui réclamerait davantage de disponibilité. S'impliquer, c'est du sérieux !

Paroles d'ados

Magda : « Ma classe a récolté des fonds pour financer un puits en Afrique. Ça nous a mobilisés toute l'année scolaire et à la fin, on était super fiers de nous ! »

Merlin : « Avec des copains du quartier, on fait des courses pour des personnes âgées, on sort leur chien…On a aussi créé un potager collectif en bas de notre immeuble ! »

TEST

AS-TU L'ESPRIT DE GROUPE ?

Alors que certains ne jurent que par le collectif, d'autres y voient surtout des contraintes... Quel est ton camp ?

Mode d'emploi : coche toutes les propositions qui te correspondent.

- □ Tu détestes la piscine, mais ta bande s'y réunit samedi. Tu la rejoindras après, voilà.
- × Petit(e), tu adorais les colonies de vacances. Tu t'y faisais plein de copains et pleurais au moment de les quitter.
- ○ Prendre une décision commune ? C'est compliqué, il y a toujours des gens qui ne sont pas d'accord.
- □ Tu veux bien penser aux autres, mais priorité à toi-même !
- ○ Tu préfères les « sports solo » : les victoires reviennent à ton seul mérite, et les défaites à tes seules erreurs.
- × Camp d'ados. Il faut un volontaire pour remplir les bidons à la rivière. Tu te dévoues, bien sûr.
- □ Préparer un exposé à plusieurs ? Motivant, mais délicat. D'après ton expérience, certains se reposent sur les copains.
- ○ Les grands rassemblements, très peu pour toi : au-delà de trois personnes, tu satures !
- × Te retrouver tout(e) seul(e) t'effraie. Tu as tellement besoin de partager…
- □ Faire partie d'une équipe, d'accord, à condition de la choisir.
- ○ Les relations de groupe, quel casse-tête ! Chacun a ses goûts, ses préférences et sa sensibilité.
- × Pour tirer tes amis d'un mauvais pas, tu t'es déjà dénoncé(e) alors que tu n'avais rien fait.

□ L'effet de groupe, c'est à double tranchant. Le positif ? Se serrer les coudes. Le négatif ? Finir avec tout le monde ligué contre soi en cas de dispute.

× Remonter le moral des troupes, voilà ta spécialité.

○ Tu penses qu'en groupe les intelligences ne s'additionnent pas, elles se divisent.

□ Une journée entre amis, super ! Mais le soir, tu apprécies d'être seul(e) au calme.

× Un stade qui soutient un champion, la foule qui chante en chœur lors d'un concert… Tu vibres, tu fonds, tu en redemandes !

○ T'effacer au profit des copains, et puis quoi encore ?

RÉSULTATS

Max de ○ : cavalier seul

Tu détestes te plier à des règles que tu n'as pas choisies. Et un cran au-dessus, rendre des comptes à la communauté. Tu préfères de loin te débrouiller par toi-même, à ton rythme et sans pression. On te traite d'égoïste ? Tu hausses les épaules. À chacun son truc, et le collectif n'est juste pas le tien. Non, tu n'as rien contre les groupes… tant qu'on ne te force pas à en intégrer un !

Max de □ : indépendant(e), mais sociable

Du partage, de l'entraide, des liens forts… Faire partie d'un groupe te plaît à condition de ne pas t'y « diluer ». Ton identité, tu y tiens ! Suivre les autres au nom de l'esprit d'équipe te pèserait très vite. Puis te retrouver seul(e), tranquille, tu en as besoin pour te ressourcer. Les groupes, c'est parfait à condition de garder tes distances et d'y revenir seulement lorsque toi, tu en as envie.

Max de × : vive le groupe !

Penser à toi, euh… et les autres, alors ? Incapable de te la « jouer perso », tu fais passer leur intérêt avant le tien. Aucun sacrifice là-dedans, juste une solidarité bien normale à tes yeux. Il faut dire que livré(e) à toi-même, tu as l'impression de ne servir à rien. Ton pire cauchemar serait d'être placé(e) en quarantaine ! S'il y a un souci, il est là : à choisir, tu préfères être mal accompagné(e) que seul(e)…

JE M'AFFIRME FACE AUX AUTRES

Tu trembles de dire ce que tu as le cœur ou simplement de donner ton avis ? Fais enfin entendre ta voix. Parce qu'elle le vaut bien.

Décryptage des blocages

Face à un vieux monsieur qui t'affirme que « seuls les voyous écoutent du rap », tu bouillonnes, mais tu acquiesces, gorge nouée. Ton manque d'assurance a encore frappé ! Petit éventail des peurs dans lequel il s'enracine :

– **Enfreindre une règle.** On te l'a assez répété : contredire l'autorité (adulte, personne âgée, professeur, entraîneur, etc.), c'est impoli !

– **Être déconsidéré(e)/exclu(e).** Si tu t'exprimes, que pensera-t-on de toi ? Du mal, crois-tu, ce qui pourrait signer ton exclusion.
Variantes : peur de décevoir, de te ridiculiser, de t'imposer, d'échouer, d'avouer ton ignorance…

– **Provoquer un conflit** ou juste gâcher l'ambiance.

À l'origine de ces peurs, un présupposé : l'autre va te juger et réagir négativement. En d'autres termes, tu projettes tes craintes sur lui, mais sont-elles fondées ? Rien ne le prouve !

Lorsque tu te tais par choix, par exemple pour éviter une discussion stérile, tu *décides* de t'abstenir. C'est très différent !

Les avantages à s'exprimer

– **Cultiver des relations vraies :** on t'apprécie pour toi-même et non pour une image fabriquée de toutes pièces. De quoi doper ta confiance en toi !

– **T'enrichir**, car les avis divergents poussent à réfléchir, débattre, se remettre en question.

– **Aider les autres si**, à ton avis, ils font fausse route. Applaudir leurs erreurs n'est pas leur rendre service, vrai ?

– **Te rester fidèle**, car nier ce que tu penses et ressens, c'est te trahir un peu.

L'essentiel n'est pas d'être du même avis que les autres, mais de pouvoir en discuter. On peut être d'accord… de ne pas être d'accord.

Les situations problématiques

– **Une histoire de goût.** Dire à un féru de montagne que tu n'aimes que la mer, tu n'y arrives pas. Et pourquoi ? Sa préférence n'est pas meilleure que la tienne ! Les goûts et les couleurs ne se discutent pas, même si, en effet, on se sent plus « connecté » aux gens qui nous ressemblent.

– **Une affaire d'opinions.** Joris t'affirme que l'école ne sert à rien. Tu n'es pas d'accord, et ça se défend : personne ne détient la vérité. Nos opinions sont façonnées par notre sensibilité, notre histoire, notre entourage, nos valeurs familiales, notre culture, etc. Il n'y a ni vrai ni faux, juste matière à débattre.

Respect obligatoire dans les deux sens. À bas les injures, moqueries et autres menaces !

2 et 2 font 5…

C'est ce que croit Pénélope ! Là, il n'y a qu'une vérité et une seule. Pour la détromper, présente-lui des preuves de son erreur ou cherchez-les ensemble.

Ton interlocuteur te désapprouve ?

Avant de te remettre en cause, laisse-lui du temps. Il pourrait admettre que tu n'as pas tort… et même raison.

Exercice pour faire dégonfler tes peurs : la technique des flèches descendantes

Une situation te bloque ? Écris le scénario que tu redoutes, fais-en partir une flèche portant la mention « Et alors ? » et complète la suite. Lorsque tu n'as plus rien à ajouter, compare ton résultat final à ta peur. Est-elle réaliste ? Exagérée ? Ingérable ? À réfléchir !

Exemple : Jérémy, le copain de Manon la traite mal.

Si je dis à Manon qu'elle mérite mieux, elle va se vexer.

↓ **Et alors ?**

Elle en parlera à Jérémy.

↓ **Et alors ?**

Jérémy va me détester.

Conclusion : « Si je ne parle pas à Manon, c'est par peur que Jérémy me déteste. »

BOÎTE À OUTILS
POUR T'EXPRIMER

ÉTAPE 1– Relâche la pression
Respire profondément. Une fois détendu(e), relativise : si jamais tu ne t'exprimes pas bien du premier coup, tu peux toujours recommencer, préciser ta pensée, la nuancer. T'entraîner chez toi ou avec des amis est souvent utile.

Trop de stress ? Rends-toi **pages 102-105** de ce livre.

ÉTAPE 2– Verbalise en piochant dans ces astuces :

– Avouer ta gêne
L'idée : signifier à ton interlocuteur que tu ne le contredis pas pour le plaisir.
Phrases-clé : « Ça m'ennuie de ne pas penser comme toi, mais... » / « Je suis embêté(e) de t'entendre dire ça parce que... » / « J'ai peur de te contrarier, mais... »

– Anticiper la critique
L'idée : devancer ce qu'on peut penser de toi pour mieux dire, toi, ce que tu penses. Les *peut-être* et *sans doute* sont bienvenus, car rappelle-toi : on n'est jamais dans la tête des autres !
Phrases-clé : « Tu diras sans doute que je n'y connais rien, mais... » / « Tu penseras peut-être que j'insiste, c'est juste que... »

– Valoriser ton interlocuteur
L'idée : lui affirmer la validité de son point de vue pour mieux donner le tien.
Phrases-clé : « Tu as raison, j'aimerais juste ajouter que... » / « C'est bien vu, mais on peut aussi penser que... »

– Rassurer
L'idée : entre ne pas être d'accord et ne plus s'aimer, il y a un monde. Évident, mais ça va mieux en le disant !
Phrases-clé : « Pas grave, tu restes mon ami(e) ! » / « T'inquiète, je t'adore ! »

Pense-(pas)-bête

- Garde tes émotions sous contrôle. Inutile de crier ou de pleurer !
- Parle assez fort et lentement, sans manger tes mots.
- Tu bafouilles, tu hésites ? Peu importe, tant que le message passe.

bonjour

JE POSE MES LIMITES !

Avoir du mal à dire non ou stop n'est pas une fatalité, cela s'apprend. Petit guide d'affirmation au quotidien.

T'affirmer…

Ce que c'est

- **Prendre soin de toi** en exprimant tes besoins, tes désirs, tes limites. Tant pis s'ils ne plaisent pas toujours…

- **Gagner ta juste place** au sein d'un groupe (classe, amis, équipe sportive, famille…).

Ce que ce n'est pas

- **De l'égoïsme.** Tu as le droit de penser à ton bien-être. À trop s'oublier, on se fait du mal.

- **Un déversoir à ta colère** ou une façon d'**abuser des gens**. Tact et gentillesse de rigueur !

Le bonus

Des relations sincères et équilibrées. Tu ne dis pas oui à reculons, en te reprochant de céder et en gardant rancune aux autres. Tu te témoignes et leur témoignes du respect. Puis savoir refuser quelque chose, c'est donner de la valeur à tes *oui*.

M'affirmer, c'est me respecter et gagner le respect des autres.

Quelqu'un respecte tes limites ? Remercie-le. Cela le valorisera et l'incitera à continuer.

Persévère !

Au début, t'affirmer sera difficile. On ne se refait pas en un jour ! Il y a même des moments où tu n'y arriveras pas. Pas de souci, tu feras mieux la prochaine fois. Attends-toi également à rencontrer une certaine résistance. Te voir quitter ton rôle de « super-gentil(le) », ça déboussole. Essaie toutefois de tenir bon. À la longue, les autres se rendront à l'évidence : oui, tu as changé !…

Un faux oui,

c'est un oui qu'on t'arrache. Tu en veux à la personne qui t'a forcé la main (parfois sans s'en apercevoir) et/ou tu fais traîner ce que tu lui as promis. Mais elle, elle compte sur toi et s'impatiente. Que des désavantages !

Dire stop, mode d'emploi

1- Identifie tes limites

Il n'y a que toi qui les connais. Repère aussi ce que leur non-respect provoque en toi (colère, tristesse...). Tu pourras ainsi en faire part aux autres. Ce qui est limpide pour toi ne l'est pas forcément pour eux !

2- Dédramatise

Et si tu faisais de la peine ? Et si on te rejetait ? Halte aux scénarios catastrophes qui ne se produiront peut-être pas ! Quant à ta crainte de blesser, décevoir, etc., elle est légitime, mais en général exagérée. Songe au nombre de fois où l'on t'a gentiment « recadré(e) ». L'as-tu vécu comme un affront ?

3- Exprime-toi sans attendre

Tu te sentiras libéré(e). Par ailleurs, stopper d'emblée une situation pesante est plus facile que de mettre un terme à une situation déjà installée.

Tes outils

- **La précision**. Exprime exactement ce qui te dérange. Dire « Je déteste ta façon de me parler », c'est trop vague. Cette façon, c'est quoi ? De l'agressivité, du mépris ? Si ça se trouve, ton interlocuteur n'en a pas conscience.
- **Le « je »**. Parle de toi, de tes ressentis. Face à un « tu » accusateur, l'autre risque de se braquer. « Je suis mal à l'aise » passe mieux que « Ça te plaît, de m'agresser ? »
- **L'honnêteté**. Expliquer tes raisons peut donner du poids à ta demande. Énumérer les conséquences également : si Léon ne te parle pas mieux, tu préféreras désormais l'éviter. Attention, cependant, à ne pas menacer ni à trop te justifier. Ce n'est pas ton procès !

Ton interlocuteur refuse de t'entendre ?

Demande-lui d'y réfléchir ou d'en reparler si tu le souhaites. Si rien ne change, prends tes distances. Cette personne ne te respecte pas, au fond.

FICHE
APPRENDRE À DIRE NON

EXERCICE 1 :
le pourquoi du comment

Le but : travailler sur tes peurs.

Pourquoi céder contre ton gré ? Identifie ta ou tes peurs (décevoir, provoquer un conflit, etc.) et demande-toi si elles sont justifiées. Parfois, non. Parfois, oui, mais est-ce si grave ? À toi d'en décider. L'essentiel est d'agir en toute conscience !

Exemple : Aïssa veut t'emprunter ton dernier jeu vidéo.

Ma peur

Me brouiller avec Aïssa.

↓

Mes questions / réponses

- En tant qu'amie, peut-elle accepter mon refus ? **Non.** Alors, je devrais toujours lui obéir ? **On dirait bien...** Cela me convient-il ? **Pas du tout !**
- Si elle s'énerve, est-ce si terrible ? **Non, en fait.**
- Comment tourner mon refus de façon à éviter le conflit ?

Ma peur

Paraître égoïste.

↓

Mes questions / réponses

- N'ai-je pas le droit de penser à moi sans me juger ni être jugé(e) ? **Évidemment !**
- Les autres diraient-ils oui à Aïssa ? **Pas sûr !**
- Que puis-je lui proposer en échange ?

EXERCICE 2 :
OK, mais...

Le but : négocier ton oui.

Au lieu de dire oui en bloc, pose les conditions qui t'arrangent sur le mode « Oui, si... » Tu montres ainsi que tu es disposé(e) à faire un effort, ce qui est positif. À l'autre de décider si ta solution lui convient.
Conditions possibles : « si tu me rends mon jeu après-demain / si on y joue ensemble / si tu me prêtes un CD en échange », etc.

Pas de précipitation !

Au lieu du oui immédiat qu'on attend de toi, diffère ta réponse pour réfléchir. Personne ne t'en voudra de dire « Je vais y penser/On en reparle ». Rares sont les demandes hyper pressées !
Tu as accepté trop vite ? Explique gentiment à ton interlocuteur pourquoi tu as changé d'avis. Le plus tôt sera le mieux.

EXERCICE 3 :
diplomatie, mon amie

Le but : refuser sans vexer.

Dois-tu justifier tes non ? Pas forcément, surtout si tes raisons sont blessantes (Aïssa ne prend soin de rien, elle t'abîmera ton jeu). L'idéal ? Proposer une solution dans laquelle tu n'es pas impliqué(e) pour vous offrir une « porte de sortie ».

Réponses possibles : « Je comprends que tu veuilles m'emprunter mon jeu, mais [liste tes raisons si nécessaire ou enchaîne sur] il est en prêt à la médiathèque / demande à quelqu'un d'autre / viens y jouer chez moi. »

TEST

TE FAIS-TU RESPECTER ?

Peut-on impunément te marcher sur les pieds ? Susceptibles s'abstenir !

Mode d'emploi : pour chaque proposition, décide du nombre d'étoiles à cocher. 0 = ce n'est pas toi du tout ; 1 = c'est toi, parfois ; 2 = c'est toi, souvent ; 3 = c'est tout toi !

- Au parc, un gamin te jette du sable et sa mère ne réagit pas. Toi non plus, du coup. ☆ ☆ ☆

- Une copine pas très sympa te demande un gros service. Tu acceptes en espérant la rendre plus gentille. ☆ ☆ ☆

- Un(e) amoureux(se) qui fouille ton sac et ton téléphone ? Tu l'excuses, il (elle) t'aime. ☆ ☆ ☆

- Deux mois que Lucas te doit 20 euros. Tu as fait une croix dessus ! ☆ ☆ ☆

- À la caisse du supermarché, une mamie te double en t'écrasant les pieds. Tu recules, médusé(e). ☆ ☆ ☆

- Ta copine (ton copain) obtient presque tout de toi avec l'argument « Allez, fais-moi plaisir ! » ☆ ☆ ☆

- Non, tu ne mentiras pas aux parents de Judith. Non ! Non… Bon, finalement, oui. ☆ ☆ ☆

- La boulangère ne te rend pas ta monnaie. Tu te contentes de pester dans ta barbe. ☆ ☆ ☆

- Ton (ta) chéri(e) te ridiculise ? C'est méchant, mais de là à lui en vouloir… ☆ ☆ ☆

- Un homme se colle à toi dans le bus. Riposter d'un coup de coude ? Oh, ça ne se fait pas ! ☆ ☆ ☆

- Tu as beau répéter à ta bande que ses « gentils surnoms » te vexent, elle continue. Tu dois être trop susceptible… ☆ ☆ ☆

- Aimer et se sacrifier, quelle différence, au fond ? ☆ ☆ ☆

RÉSULTATS

Totalise tes étoiles cochées.

Plus de 25 étoiles : urgence, on change tout !

« Là, c'est trop ! », voilà un peu ton leitmotiv. Du malpoli qui te bouscule au « bon ami » qui se sert dans tes affaires, tu te sens négligé(e) ascendant transparent(e). Tes désirs à toi, les autres semblent s'en moquer. Pour forcer enfin le respect, remets tout ce joli monde en place. Vite !

De 13 à 25 étoiles : encore un effort...

Tant que les autres n'exagèrent pas, tu passes outre. Les petites incivilités font partie de la vie, après tout... N'empêche qu'à force de te taire, tu risques bien d'exploser. Pour un rien, pensera-t-on, mais un rien qui a fait déborder ta coupe déjà pleine. Un conseil : n'attends pas le point de non-retour pour mettre le holà !

Moins de 13 étoiles : total respect !

Te laisser faire, au nom de quoi ? Conscient(e) de ta valeur, tu refuses qu'on te considère comme « quantité négligeable ». Dire non à des attitudes déplacées ne te pose aucun souci. Ce sont les autres qui sont en tort, pas toi. Pour gagner le respect d'autrui, il faut déjà se respecter soi-même... Testé et approuvé par tes soins !

Qui t'impressionne le plus ?

Totalise tes étoiles selon la couleur de la question.

Max d'étoiles en questions bleues : tes amis.
Ne pense pas que les adorer signifie les laisser profiter de toi. Tes vrais amis le comprendront tandis que les autres iront voir ailleurs... Bon débarras !

En questions jaunes : les inconnus.
Tu es poli(e), parfois même jusqu'à l'excès. Ose dire aux indélicats qu'ils dépassent les bornes ! Vivre en société, c'est aussi ne pas écraser le voisin. Ou, au minimum, lui présenter ses excuses.

En questions vertes : ton amoureux(se).
Tu lui passes tout au nom des sentiments. C'est très joli, mais surtout sur le papier. Votre relation a plutôt l'air déséquilibrée... Aurais-tu peur de le (la) perdre si tu t'affirmais ?

OUILLE, ÇA CHAUFFE !

Se disputer avec les autres, c'est pénible, mais ça fait partie de la vie... Comment gérer les accrochages sans causer de dégâts ?

Gérer les conflits : tes alliés...

– **La prise de recul.** Le ton monte, ta colère avec. Danger ! Respire et/ou sors de la pièce pour te calmer. C'est fait ? Demande-toi si cette dispute en vaut la peine. Y renoncer ne veut pas dire perdre la face, mais faire preuve de sagesse et de maturité. Deux bons points !

– **Le contrôle.** Maîtrise tes gestes et ta voix. Hurler, c'est souvent amener l'autre à crier plus fort que toi ! En plein conflit, compte jusqu'à trois avant de lâcher ce qui te passe par la tête.

– **L'écoute.** Et si tu laissais l'autre s'exprimer jusqu'au bout ? Sauter à de fausses conclusions, ça arrive. Quant à se sentir ignoré(e), ça énerve, comme tu le sais... Par ailleurs, entendre les arguments qu'on t'oppose te permettra de les contrer, voire de comprendre la position de la partie adverse. Elle n'est pas forcément injuste !

– **Le « je »** qui déculpabilise. Remplacer « C'est toi qui te fâches ! » par « Je suis désolé(e) qu'on se fâche » présente deux avantages : ton interlocuteur se sentira respecté ; il aura l'impression que le problème vient davantage de toi que de lui.

– **L'humour.** Plaisanter sur toi-même, pourquoi pas. Sur l'autre, prudence.

Néfastes, les conflits ?

Pas toujours. Certains permettent d'assainir une relation, de nous décharger d'un poids, de poser nos limites. Un exemple : autoriser un ami à mal te parler, c'est l'inviter à recommencer et accumuler à son égard colère et rancœur. L'idéal ? Régler un problème calmement, dès qu'il se manifeste.

... tes ennemis

– **L'attaque,** car elle est rarement la meilleure défense. Renonce à noyer les gens sous leurs (éventuelles) fautes. Sinon ils te rendront la politesse, ce qui aboutira à : « Et toi tu as fait ça ! » / « Mais toi tu as fait pire ! »

– **La généralisation.** « Tu veux *toujours* avoir raison ! », « Tu ne m'écoutes *jamais* ! » Ces accusations placent l'autre dans le rôle du méchant ! L'étape suivante ? Il fulmine en te citant une foule de contre-exemples. Pas très constructif, tout ça.

– **Le chantage.** Menacer quelqu'un de représailles s'il ne te cède pas, cela revient à dire : « Inutile de chercher une solution à deux, j'exige que tu m'obéisses ! » Tu apprécierais, toi ?

– **La violence verbale (insultes, menaces) et physique.** À ce titre, gare à tes gestes : serrer les poings, c'est laisser croire que tu vas t'en servir… Quitte les lieux avant de perdre le contrôle. Le respect avant tout !

Les compromis ou l'art du gagnant-gagnant

Un compromis, c'est un arrangement dans lequel chacun s'engage à faire un effort : tes parents acceptent que tu ailles à une fête alors qu'au départ, ils s'y opposaient ; de ton côté, tu rentreras à 22 h alors que tu visais minuit. Un bon compromis ne doit léser personne et être respecté à la lettre, sans « punir » la partie adverse. Non, tu ne rentreras pas à 23 h en râlant !

Une stratégie payante : promettre un peu moins et faire un peu plus. Si tu rentres à 20 h 30, tes parents seront aussi épatés que reconnaissants.

À la maison, tout dialogue est impossible ? Pense « arbitre » : une personne neutre (tante, ami de la famille) qui vous aidera à rétablir la discussion et à trouver une solution plus sereinement.

LE POUVOIR DES MOTS

La particularité de l'espèce humaine ? Être dotée de parole, mais les mots peuvent s'avérer à double tranchant... Mise au point.

Les mots, de merveilleux outils

– **Ils « créent du lien »** entre les gens. De la simple politesse envers les inconnus aux confidences entre ami(e)s, les mots nous rapprochent et nous réunissent. Ils dévoilent même un bout de notre cœur lorsque l'on dit « Je t'aime »...

– **Ils nous enrichissent.** Grâce à eux nous exprimons notre personnalité, nos goûts, nous partageons nos passions, confrontons nos points de vue...

– **Ils nous délivrent** du fardeau des non-dits et des secrets trop lourds à porter. Et lorsque nos proches souffrent, à notre tour de les consoler !

– **Ils matérialisent nos idées,** nos projets. Non formulés, ceux-ci n'existeraient que dans notre tête ! Les orateurs chevronnés peuvent même rallier les masses à leur cause, soulever des révolutions et qui sait, changer le monde.

Les mots, des armes de destruction

– **Ils servent à manipuler** par le mensonge, la flatterie, les belles promesses.

– **Ils blessent autant que les coups** et peuvent anéantir notre confiance en nous. Attaqués dans notre identité, nous nous figurons être ce que les autres disent, un minable, un bon à rien...

Exercice : chaque jour, dis quelque chose de gentil à quelqu'un, fais un compliment, montre ta gratitude. Ça fait du bien, tu verras.

Et les injures « pour rire » ?

Dans ta bouche, « p'tite tête » ou « gros nul » sont des marques d'affection, sauf que leur destinataire peut en souffrir. C'est ton cas ? Dis-le franchement, sans craindre de paraître trop sensible. De ton côté, méfie-toi des taquineries et plaisanteries limites. Elles comportent toujours une part de vérité, dit-on...

TU ES
FORMIDABLE

JE NE SAIS PAS, J'HÉSITE...

Acheter un pull bleu ou un vert ? Partir ou non en camp d'ados cet été ? Prendre des décisions, ça te prend... la tête. Vite, des recettes anti-nœuds au cerveau !

1- Économiser tes ressources

Certains choix sont importants, d'autres non. La couleur d'un pull, par exemple, ne changera pas ta vie… N'y consacre ni trop de temps ni trop d'énergie ! Si tu le sens, laisse même quelqu'un décider à ta place. Ta mère préfère le pull vert ? Parfait, il n'y a pas d'enjeu.

2- Interroger tes émotions

Souvent on sait ce dont on a vraiment envie, mais notre cerveau brouille les pistes. Fais confiance à ton feeling. Pour la pratique, tourne la page (exercice 1).

3- Te hâter lentement

Les décisions à l'emporte-pièce sont rarement judicieuses. Tu es trop impulsif(ve) ? T'imposer un délai de réflexion (un jour, une semaine) avant de te ruiner pour un nouveau blouson, c'est plus prudent. D'ici là, ton enthousiasme sera peut-être retombé.

4- Réunir des informations

Avant de te lancer, essaie de savoir où tu mets les pieds. Ping-Pong ou tennis, ton cœur balance ? Fais un tour sur place, « tâte » l'ambiance, discute avec les profs… Le choix deviendra plus facile, voire évident.

Trop de détails tuent l'information. Va à l'essentiel : le ping-pong loin de chez toi, à des horaires impossibles, se changera vite en contrainte. Oui au tennis à deux pas !

5- Te projeter dans l'avenir

En cas de grosse décision à prendre, réfléchis aux conséquences sur ta vie. Qu'implique ce choix-là, et l'autre ? De quoi as-tu envie ? Quels sont tes buts ? Essaie de t'imaginer dans un an, deux, voire plus et reste honnête avec toi-même.

6- Laisser décanter

Option A, B ou C… Il y a du pour, du contre, tu nages ! Change-toi les idées : sors te promener, vois des amis, regarde un film. Moins de pression t'aidera à y voir plus clair. Et surtout, dors ! La nuit porte conseil, c'est connu.

7- Demander conseil

Et tes proches, qu'en pensent-ils ? Leurs avis sont précieux, surtout s'ils ont déjà un peu d'expérience. L'idéal est qu'ils t'écoutent sans te juger ni t'imposer leurs opinions. Pas toujours facile avec tes parents, mais prête-leur l'oreille. Ils ne sont pas tombés de la dernière pluie…

8- Arrêter une date

Pour éviter de mouliner à vide, fixe-toi une date-butoir. Il te faut une semaine pour réfléchir et trois jours pour en discuter en famille ? Dans deux semaines dernier carat, tu te décides.

Une bonne décision,

c'est celle qui nous correspond et/ou semble la meilleure au moment M. La situation ne tourne pas comme espéré ? Pénible, oui, mais inutile de trop le regretter. Personne ne lit l'avenir ! Puis qui sait, la tendance pourrait à nouveau s'inverser. Le plus souvent, la bonne décision est simplement… celle qu'on a prise.

5 avantages à te décider

1- Ne plus tourner en rond, mais agir. Finie la perte de temps !
2- Te libérer du stress.
3- Améliorer ton image de toi en faisant preuve de courage.
4- T'affirmer, car ne pas choisir, c'est finalement choisir… de ne rien faire. Et là, c'est souvent les autres (ou la situation) qui décident à ta place.
5- Aller de l'avant pour réaliser tes projets.

Le chemin qui mène à une décision

comporte en général trois étapes.
1- Prise de conscience : tu voudrais changer, quelque chose ne te convient pas ou te fait très envie…
2- Incubation : tu réfléchis, tu pèses le pour et le contre, tu tâtonnes, tu hésites.
3- Bingo ! Tu tiens ta solution et tu es prêt(e) à te lancer.

FICHE

AIDE À LA DÉCISION

EXERCICE 1:

Le but : te reconnecter à tes envies.

Installe-toi au calme, relaxe-toi, respire et imagine-toi faire le choix 1, puis le 2. Que ressens-tu ? De la tristesse, de la joie, une boule au ventre... Ce sont des indices de ton envie profonde.

Le test de la pièce. Aborder ou non Stef, telle est la question. Tire une pièce. Pile, tu te lances. Face, tu renonces. Face ! Déçu(e), tu brûles de la relancer. C'est en fait pile que tu espérais... Maintenant que tu es fixé(e), action !

EXERCICE 2:

Le but : mieux peser le pour et le contre.

Divise une feuille en deux colonnes : les *pour* ou *avantages* ; les *contre* ou *inconvénients*. Remplis ton tableau et relis-le à tête reposée pour y voir plus clair.

M'inscrire au judo en septembre ?

Pour/Avantages	**Contre/Inconvénients**
Retrouver Nathan qui y va aussi.	Un emploi du temps très chargé.
Apprendre un art martial comme dans les films !	Cours le samedi = finies les sorties entre copains.
Développer ma souplesse et ma force.	Parents pas très libres pour m'emmener.

Pour une précision maximum, note chaque ligne sur 10. Exemples : retrouver Nathan qui y va aussi = 8/10 ; un emploi du temps très chargé = 6/10. Une fois ton tableau rempli, additionne les notes de chaque colonne et vois laquelle l'emporte.

EXERCICE POUR LES ÉTERNELS INDÉCIS

Le but : contrer tes « mais » systématiques.

À force de te laisser freiner, tu ne bouges plus ? Mets tout à plat !
Prends une feuille et écris l'un sous l'autre les éléments suivants : 1/ ton envie ; 2/ les « mais » (= tes peurs, tes réticences, tes objections) ; 3/ les solutions possibles.

Mon envie

Aller à la piscine samedi.

Mais...

J'ai une tonne de devoirs ce week-end.

Solutions possibles

- Me lever plus tôt pour y aller le matin.
- Ne rester à la piscine que 2 h au lieu de l'après-midi entière.
- Récupérer ces 2 h en sacrifiant le film dimanche.

Maintenant, analyse si c'est jouable ou pas. Ça l'est ? Applique ta meilleure solution sans reculer en chemin.

Besoin d'un coup de pouce ? Liste les avantages. Par exemple : nager / me détendre / sortir entre amis...

EXERCICE POUR LES IMPULSIFS

Le but : mettre de l'objectivité dans tes décisions.

Séduit(e) par une idée, tu t'emballes, tu sous-estimes les obstacles, tu « galères » et tu finis par abandonner... Terrible pour ta confiance en soi ! Au lieu de te jeter bille en tête, cherche des options plus réalistes !
Divise une feuille en deux : en haut, ta première idée ; en bas, des solutions raisonnables qui te conviendraient.
Prends en compte tes envies, mais aussi tes contraintes (emploi du temps, travail scolaire, fatigue,etc.).

Ma première idée

Adopter un chien.

Solutions alternatives

- Commencer par m'occuper du chien du voisin (zéro budget, aucune contrainte, pas de solution à trouver pour les vacances).
- Garder le chat d'Émilie (ça lui rend service et moi, j'en profite).
- Opter pour un lapin ou une gerbille. Plus simple et mes parents accepteront sûrement (= moins de conflits à la maison).

Laisse reposer avant de reprendre ton tableau. Quelle solution alternative est la meilleure ? Mieux vaut en choisir une moins satisfaisante sur le coup, mais tenable dans le temps.

Mieux tu te connaîtras, mieux tu sauras ce qui te convient !

Exercices inspirés d'André Laurier, *Coup de pouce*, septembre 1994.

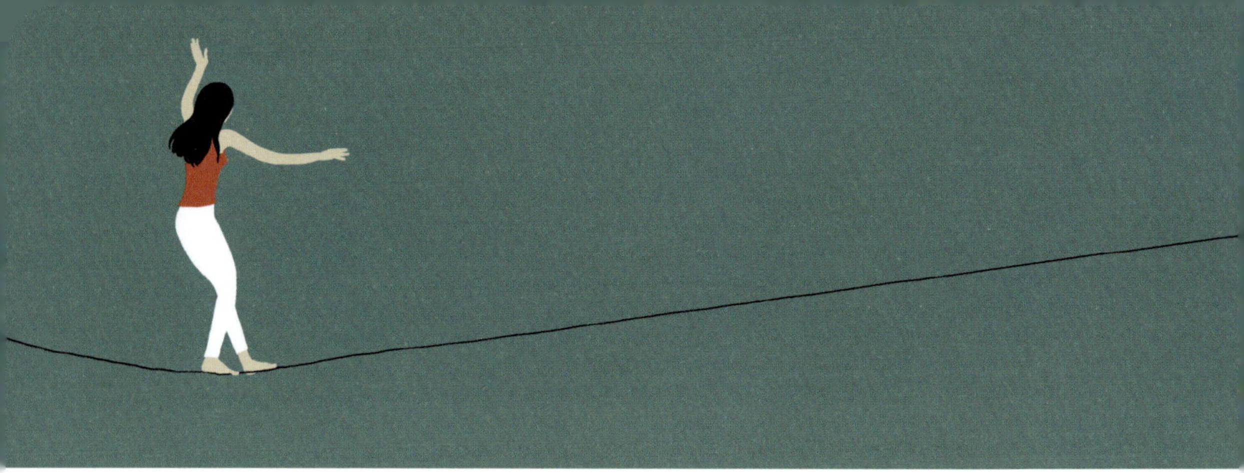

COMMENT ME FIXER DES OBJECTIFS ?

Tu envies les gens qui, sûrs de ce qu'ils veulent, avancent sans se retourner ? Faire comme eux, c'est une question de méthode.

Un objectif pour garder le cap

Imagine un voilier ballotté au gré du vent. Il vogue tantôt à droite, tantôt à gauche, fait demi-tour… Pour arriver quelque part, il lui faut un pilote. Un objectif, c'est exactement cela : un but qui te fait avancer, te fixe une « ligne de conduite » pour mener ta barque et donner le meilleur de toi-même. À la clé, beaucoup de fierté et un délicieux sentiment d'accomplissement !

Tes ennemis

– Une faible estime de toi

Atteindre un but, tu t'en sens incapable, ce qui renforce ta certitude de ne pas être à la hauteur. Vous avez dit cercle vicieux ?

– Procrastiner

C'est-à-dire remettre au lendemain ce que tu peux faire aujourd'hui au nom de bonnes excuses (fatigue, manque de temps…). Le souci ? À force de repousser, tu ne fais plus rien.

> **« Un voyage de mille lieues commence toujours par un premier pas. »**
>
> **(Lao Tseu, sage chinois)**

Voir grand ou voir petit ?

Tout dépend ! Si tu manques d'assurance, privilégie les objectifs modestes, réalisables à **court terme :** augmenter de deux points ta moyenne en SVT, maîtriser les bases de la guitare, etc. Les atteindre dopera ta confiance en toi. Regonflé(e), tu pourras alors t'attaquer à plus ambitieux, sur du **moyen terme :** décrocher les félicitations l'an prochain, jouer un air entier à la guitare. À moins que, guidé(e) par une passion, tu ne souhaites établir un « plan de vie » (à **long terme,** donc) : intégrer une grande école, devenir musicien(ne) et monter ton groupe, etc.

Tes ennemis

- Trop d'ambition, synonyme de trop de pression. Cible bas et corse peu à peu la difficulté.
- L'éparpillement. Mener dix projets de front ? Overdose garantie, une journée ne compte que 24 heures ! Définis tes priorités puis fixe-toi deux ou trois objectifs (l'un à court terme, l'autre à moyen terme, par exemple).

Fais régulièrement le point pour t'assurer d'être sur la bonne route. Mesurer le chemin parcouru, c'est par ailleurs excellent pour le moral !

La meilleure façon de marcher

1- Avancer à pas comptés

Décompose ton objectif en petites étapes pour dresser un plan d'action. C'est en le suivant jour après jour que tu iras loin.
Ton ennemi : le perfectionnisme. Accepte que tes résultats ne soient pas impeccables, et avance !

2- Persévérer

Perdre une bataille n'est pas perdre la guerre. Atteindre ton but suppose d'essuyer des revers, mais tes efforts devraient payer. Tu te décourages ? Accomplis chaque jour une petite chose en rapport avec ton objectif. Y consacrer dix minutes vaut mieux que rien du tout.
Ton ennemie : l'impatience. Certains résultats ne sont pas visibles sur le champ. Ne te démotive pas !

3- T'adapter

Des difficultés te freinent ? Prends-les en compte plutôt que de coller vaille que vaille à ton plan d'action. Tu peux par exemple t'accorder plus de temps pour une étape facile sur le papier, mais compliquée en réalité.
Ton ennemie : la rigidité. Revoir ta stratégie n'est pas un échec ! Avec l'expérience, tu cerneras ce qui fonctionne et ne fonctionne pas pour toi.

FICHE
SOIS SMART !

Smart signifie *intelligent* en anglais. Mais SMART, c'est aussi le nom d'une méthode utilisée pour se fixer des objectifs. Découvre-la.

S pour Spécifique
Ton objectif doit être très précis. Par exemple, faire de la course à pied, c'est trop flou. Quel résultat vises-tu vraiment ? Courir un marathon ou 5 km ? La différence est de taille ! Une fois ton objectif défini, note-le sur une feuille.

M pour Mesurable
Mesurable signifie que tu puisses évaluer si ton objectif est atteint ou non. Pour cela, il te faut une ou des données objectives : la distance de 5 km en est une. Cette donnée peut être une date (finir mon roman avant le 1er avril), un niveau ou une performance (doubler ma moyenne en maths). Tu as ta mesure ? Note-la à la suite de ton objectif.

A pour Accessible
Ton objectif doit être à ta portée ! Si pour l'instant tu t'essouffles en courant 100 m, courir d'emblée 5 km sera compliqué. La solution ? Décomposer ton objectif en plusieurs plus petits et faciles à atteindre.
Exemples d'objectifs intermédiaires :
1/ Semaine prochaine : courir 200 m ;
2/ Dans 15 jours : 300 m, etc.

R pour Réaliste
Réfléchis à ta situation. Auras-tu assez de temps pour t'entraîner à la course ? Un ami peut-il t'accompagner et te motiver ? Non ? Abaisser ton objectif semble plus prudent !

T pour Temporellement défini
Fixe-toi des dates-butoirs (ou des durées comme 1 semaine, 2 mois) pour avancer dans ton projet. Pense aux impératifs susceptibles de te freiner (passage du brevet, vacances...). C'est fait ? Fixe une « date d'évaluation » pour faire un point global.
Exemple : 1er février : avoir couru 3 km / 1er mars : atteindre mon objectif + évaluation.

Selon les sources, S correspond à *Simple*, A à *Acceptable*... Peu importe, la méthode reste la même.

Félicite-toi et accorde-toi un petit plaisir à chaque progrès !

Quand SMART devient SMARTER

Smarter veut dire *plus intelligent*. Voici la suite de la méthode !

– **E pour Évaluer** grâce aux questions suivantes : as-tu atteint ton objectif ? Où en es-tu de ta progression ? Es-tu en avance ou en retard sur ton planning ? À quelles difficultés te heurtes-tu ?

– **R pour Réviser** si tu n'as pas atteint ton objectif (ou que tu l'as atteint trop facilement). Tu peux par exemple viser 3 km au lieu de 5 et/ou t'accorder un mois supplémentaire ; ou, au contraire, te fixer un nouvel objectif de 10 km.

Avant de t'endormir, **visualise ton succès** pour l'ancrer dans ton esprit. Imagine les détails (le lieu, les gens, ce qu'on te dit, etc.) et savoure ton bien-être !

Tiens ton carnet de bord !

À l'intérieur, tout ce qui te remontera si jamais tu flanches. En vrac : l'importance de cet objectif à tes yeux, tes qualités / forces pour y parvenir (ténacité, intelligence, etc.), les encouragements et compliments reçus, les obstacles dont tu as triomphé… De quoi te remettre en selle !

Parle de tes objectifs

à tes proches. Ils pourront t'aider à les réaliser, te soutenir ou te remotiver. Si une personne de ton entourage a déjà relevé ton défi, demande-lui comment elle a procédé. Quels sont ses conseils, ses mises en garde ? Son expérience te sera précieuse. Si elle l'a fait, toi aussi tu peux le faire !

J'OSE !

Te dépasser, voir grand et vivre pleinement, c'est à ta portée. Mission « vent de renouveau » enclenchée !

Zone de confort, protection ou prison ?

Les gens peu sûrs d'eux tendent à rester dans leur zone de confort, c'est-à-dire dans ce qu'ils maîtrisent, ce qui ne les expose pas au danger (réel ou supposé). Paul, par exemple, qui n'ose jamais donner son avis de peur d'être contredit. Quoique confortable, notre zone de confort limite nos actions, nos choix… nos vies.

Ton « périmètre de sécurité » est tout personnel. Une chose facile pour toi sera une montagne pour quelqu'un d'autre !

Oser fait peur, mais notre imagination est championne pour majorer les difficultés. Tu verras qu'à force de pratique, ce qui te semblait jadis insurmontable est devenu simple. Mieux : tu t'étonneras de ne pas l'avoir fait avant ! On parie ?

Repousser ses limites

Au bout d'un moment, notre zone de confort peut nous peser. On rêve d'avoir plus d'audace, de courage, de volonté, et on envie ceux qui en font preuve… Agrandir notre périmètre d'action n'est pourtant pas si difficile : il suffit de se lancer pour, petit à petit, gagner en confiance et corser la difficulté. Quelques idées pour commencer :

– Briser tes habitudes

Suivre le même trajet jusqu'au collège, commander le même plat au restaurant, c'est sans surprise. Varie les plaisirs pour épicer ton quotidien !

– Expérimenter

Goûte un dessert exotique, essaie le patin à glace, découvre un quartier de ta ville… De quoi aiguiser ta curiosité, ton envie de (te) bouger et renforcer ton estime de toi. Oui, tu l'as fait, et rien d'affreux ne t'est arrivé !

– Moins gamberger

Tu as envie de parler à ton voisin ? Respire et fonce. Si tu diffères, tu vas douter, trouver mille raisons de t'abstenir et rentrer chez toi déçu(e).

Tu as le droit de…

– **Rêver.** Ado ou adulte, chéris tes rêves ! Ils illuminent ton quotidien, peuvent te donner une « direction de vie » et te motiver. Tes rêves sont ta propriété, ton jardin secret, et personne n'a le pouvoir de te les interdire.

– **Y croire.** Tu brûles de piloter un avion ? Toi, au moins, tu connais ta « mission » : travailler, t'entourer de gens qui t'aideront à progresser pour te rapprocher de ton rêve. Du réalisme, oui. Du défaitisme, non.

– **Changer d'avis.** Parce que la vie est faite de choix, de bifurcations, tu as le droit de te tromper et de rebrousser chemin, sans abandonner ta capacité à voir grand.

– **Te réaliser.** C'est t'accomplir dans la voie que tu as choisie, réussir pour toi et non pour les autres. Et là, tu as le DEVOIR d'en être fier(e) et d'en profiter au maximum !

TEST

COMMENT ENVISAGES-TU L'ÉCHEC ?

« Échec et mat », « Un point partout la balle au centre », « Zut, encore raté ! »... Quelles pensées l'échec vient-il chatouiller en toi ?

Mode d'emploi : coche les propositions dans lesquelles tu te reconnais.

Échouer, c'est...

- ✕ La vie, comme on dit.
- ○ Ne pas avoir assez cru à sa victoire.
- ▲ T'entendre dire « Tu t'en remettras » alors que rien ne le prouve.
- □ Te remettre en question, parfois dans la douleur.
- ○ Impensable, car y penser, c'est le meilleur moyen d'échouer !
- ✕ Une expérience juste plus désagréable qu'une autre.
- □ Avoir manqué de quelque chose, et tu veux comprendre quoi.
- ▲ La marque des faibles, quand même…

En cas d'échec...

- ▲ Tu préfères mentir : Fred n'a pas refusé de sortir avec toi, c'est toi qui lui as dit non !
- □ Te voilà décidé(e) à prendre ta revanche.
- ○ Tu tombes de haut, tu croyais tellement réussir !
- ✕ Sauf exception, tu gardes le sourire. Il n'y a pas mort d'homme.
- ▲ Tu te sens le (la) plus nul(le) des plus nul(le)s.
- □ Tu te repasses le film. Pourquoi en es-tu là ? Qu'est-ce qui n'a pas marché ?
- ○ Tu réagis très mal : tu cries, tu pleures, tu casses tout…
- ✕ Tu relativises. Cela arrive même aux meilleurs.

La prochaine fois...

- □ Tu ne reproduiras pas les mêmes erreurs, juré !
- ▲ Tu en trembles déjà, confiance en toi à zéro.

○ Tu n'écouteras pas ceux qui te parlent de défaite.
✕ Tu emporteras ton gri-gri et tes amulettes.
○ Tu feras comme d'habitude : garder les yeux rivés sur la victoire.
□ Devrait être la bonne, car tu feras tout pour.
✕ Ne sera pas forcément la bonne, mais tu touches du bois…
▲ Pas sûr qu'il y en ait une, d'abord !

Pour affronter l'échec, tourne la page.

RÉSULTATS

Max de ▲ : comme une honte

Rien que la pensée d'échouer te tétanise… Autant dire qu'en situation, tu parviens rarement à donner ton plein potentiel. L'échec te semble du coup inévitable, si ce n'est mérité. Comme si, au fond, tu étais programmé(e) pour ça… Stop ! Renverser la vapeur est possible en travaillant sur ton estime de toi et ton stress. Tu commences demain ?

Max de □ : comme une occasion d'avancer

« Faillir » ne te fait jamais plaisir, mais de là à te désespérer… Résolument positif(ve), tu vois plutôt l'échec comme une étape avant le succès : chacune contient une leçon qui, bien comprise, te servira de tremplin. Analyser tes erreurs afin d'ajuster ta stratégie, c'est tout de même plus payant que de baisser les bras. Parce qu'alors, l'échec est garanti !

Max de ✕ : comme un accident de parcours

Tu as échoué, et alors ? Et alors… rien. Tu as juste rejoint les sept milliards d'humains qui, un jour ou l'autre, se retrouveront dans cette situation. Il n'y a pas de quoi douter de ta valeur ! Et puisque chacun a droit à une seconde chance, tu te remotives pour saisir la tienne. Rien de tel qu'une réussite pour effacer un échec !

Max de ○ : tu ne l'envisages pas !

La possibilité d'échouer existe à peine à tes yeux. Ultra-optimiste, tu ne songes qu'à la victoire ! Ce mental de gagnant(e) né(e) fait ta force, mais aussi ta faiblesse : lorsque la réalité déjoue tes plans, la chute peut s'avérer rude. Si rude que parfois, tu manques de t'écrouler. Et si tu t'y préparais davantage ? Tu encaisserais mieux le choc !

SURMONTER UN ÉCHEC

***Ce qui ne tue pas rend plus fort*, paraît-il. Conseils pour te relever d'un échec et triompher de l'adversité.**

Pourquoi l'échec fait-il si mal ?

Parce qu'il remue une foule d'émotions négatives : tristesse, amertume, colère, sentiment d'injustice… Il peut également sembler une confirmation de notre « nullité », comme si notre valeur dépendait de nos réussites, comme si être capable, c'était assurer. Puis bien souvent, l'échec nous renvoie à notre impuissance : malgré nos efforts, certaines situations nous échappent… Insupportable !

Mais…

L'échec fait partie de la vie, il n'est ni une tare, ni un drame, ni une malédiction. Faillir à un moment donné ne signifie pas faillir à jamais. Personne n'obtient toujours tout ce qu'il veut ! Parfois, d'ailleurs, l'échec est dû à des circonstances défavorables, tel un gros rhume le jour J ; d'autre fois, comme en sport, il fait partie du jeu. Il n'y a pas de gagnant sans perdant…

« Échouer, c'est pouvoir recommencer en mieux ! »

Plan d'attaque contre l'échec

Étape 1- Verbaliser

Tu es abattu(e), déçu(e), dégoûté(e) ? Il n'y a pas de honte à partager ces émotions-là avec tes proches. Au contraire, les exprimer permet en général de les surmonter plus vite.

Étape 2- Te chouchouter

La situation est déjà assez pénible, inutile de te punir en prime ! Réfléchis à ce qui, là, te réconforterait : voir des amis ou te recentrer sur toi, nager ou sortir te promener… Une déconvenue s'accepte lentement.

Étape 3- Remettre en perspective

Submergés par nos émotions, on amplifie tout ! Mais après coup, le « très grave » peut finalement s'avérer peu important. Cet échec affectera-t-il ta vie dans un mois, un an, trois ans ? Peu probable.

Étape 4- Analyser

Tout échec est riche d'enseignements à deux conditions : repérer ce qui nous a manqué et analyser nos erreurs afin de ne pas les répéter. À partir de là, on peut bâtir une nouvelle stratégie payante. Un exemple : lors d'un contrôle, tu as d'abord répondu aux questions faciles, mais sur peu de points, et tu as mal géré ton temps. Ta nouvelle stratégie : commencer par les questions qui rapportent le plus et surveiller ta montre.

Analyser, c'est aussi mesurer les efforts qu'il te reste à fournir. Découragé(e) ? Demande de l'aide.

Étape 5- Recommencer !

Avant de savoir marcher, tu es tombé(e) mille fois et tu t'es relevé(e). Aujourd'hui, même combat ! Ignore les mauvaises langues qui, les bras croisés, te critiquent. Toi au moins, tu prends des risques, tu agis… et tu réussiras !

Pour te remotiver, pense à toutes les bonnes raisons de « retenter ta chance ». Comment te sentiras-tu lorsque tu y seras arrivé(e) ?

Un problème d'objectifs ?

À viser trop haut, l'échec devient inévitable : aucun débutant en sport n'est en mesure de remporter les Jeux olympiques ! Te fixer des objectifs réalistes est crucial pour avancer et garder confiance en toi. Besoin de conseils ? **Lis les pages 172 à 176**.

Tourner la page, oui, quand…

- Tu as épuisé toutes les solutions à ta portée.
- Un projet ne te correspond plus, tes envies ont changé.
- Ton projet implique quelqu'un qui n'est pas d'accord. Si un garçon ou une fille refuse de sortir avec toi, insister ne fera que t'attirer des refus de plus en plus cinglants.

LES VERTUS DE L'ERREUR

Même douloureuses, nos erreurs nous font progresser et grandir. Mais si on les voyait, en prime, comme de véritables aubaines ? Changement de perspective.

1- Des sources d'inspiration

Cours de théâtre. Tu as répété ton rôle, mais, mort(e) de trac, tu mélanges tes répliques. Voilà que ton partenaire improvise sur ton « méli-mélo », et que tu le suis. À la clé, les bravos d'un public conquis !

Conclusion : avec un peu d'imagination et un petit coup de pouce, l'erreur dope notre potentiel créatif.

2- Des opportunités cachées

Rater l'examen de danse te fait rester au même niveau, mais dans une nouvelle classe. Là, tu sympathises avec Romane et Fatou, qui t'incluent dans leur futur spectacle.

Conclusion : un échec peut ouvrir de belles rencontres et de nouveaux horizons.

3- Des réussites imprévues

Tu te trompes dans la recette de ton gâteau. Mais loin d'être raté, il est si délicieux qu'on te demande de le refaire ! Mieux, il devient LE gâteau de toutes les grandes occasions.

Conclusion : une erreur peut s'avérer un franc succès.

S'apercevoir des bénéfices de certaines erreurs réclame du temps. L'émotion doit d'abord retomber !

EXERCICE

Mes erreurs, mes réussites

Liste cinq de tes erreurs ou échecs. Que t'ont-ils appris, aidé à mieux faire, apporté ? (Cela peut être simplement : cette voie-là, elle n'était pas pour moi.) À toi de jouer !

De fabuleuses erreurs

Deux sœurs qui cuisent par distraction une tarte à l'envers... la célèbre tarte Tatin ! Un ingénieur qui oublie un fer chaud sur un stylo et en voit l'encre éjectée : l'idée des imprimantes à jet d'encre est née ! Christophe Colomb qui découvre l'Amérique suite à une erreur de calcul... Ne craignons pas de nous tromper à notre tour !

L'échec autour du monde

L'échec et l'erreur sont perçus différemment selon les pays. Au Japon, on les considère souvent comme des déshonneurs. Aux États-Unis, comme des expériences formatrices. Un exemple ? Là-bas, faire faillite empêche rarement de créer une nouvelle entreprise.

Nos erreurs ne nous définissent pas. Nous ne sommes pas « le (la) nul(le) de service », juste une personne qui, dans une situation donnée, s'est trompée. Quoi de plus humain ?

TEST

QUELLE EST TA VISION DE LA VIE ?

Chacun a sa façon d'aborder la vie... Alors que certains voient le verre à moitié vide, d'autres le jugent plutôt à moitié plein. Et toi ?

Ta première pensée au réveil ?
○ « Ah, une belle journée qui commence ! »
▲ « Pfff, j'en ai déjà marre ! »
□ Tout dépend de ce que tu as fait la veille…

Un ami te dit qu'avec ses parents, c'est la guerre.
□ Tu as tendance à croire qu'il y est aussi pour quelque chose…
▲ D'après ton expérience, ce n'est pas près de s'arranger !
○ Tu lui donnes des conseils pour déclarer une trêve.

Pour toi, vacances = mer. Mais cet été, tes parents t'envoient à la montagne.
▲ Pardon ? Finies la bronzette et les baignades ? Tu vas détester, c'est sûr !
○ Vive les marches en forêt, les chalets au fond des bois et les raclettes !
□ Puisque tu n'as pas le choix, autant t'en accommoder.

Après avoir longuement hésité, Vic refuse de sortir avec toi. Ta réaction ?
○ Réessayer. Puisqu'il (elle) a hésité, rien n'est encore joué.
□ « Je n'ai pas su lui plaire, c'est ma faute. »
▲ « Je le savais déjà, de toute façon ! »

Voilà, ton ou ta chéri(e) t'a quitté(e).
□ C'est son choix, ce que tu peux dire et penser n'y changeront rien.
○ Conclusion : ce n'était pas la bonne personne. Au suivant !
▲ Tu t'en veux d'y avoir cru, les histoires d'amour se terminent toujours mal.

Tu penses que le bonheur, c'est comme...
○ Un ascenseur : ça fait monter très haut et c'est accessible à tous.
▲ Une glace. C'est sucré, ça dégouline et ça finit par fondre.
□ Tout le reste : ça se mérite !

Quand Clément t'affirme que « Tout est bien qui finit bien », tu réponds :

- ▲ « Si la vie était un conte de fées, ça se saurait ! »
- □ « Mouais, ça reste à confirmer. »
- ○ « Tu n'as pas tort, et même raison ! »

Ce qui est sûr avec la vie ?

- ▲ Certains tireront les mauvaises cartes.
- ○ Il y a plein de bonnes surprises dedans.
- □ Elle a toujours une fin : la mort.

Dans dix ans, tu t'imagines :

- ○ Heureux(se) d'avoir atteint tes objectifs.
- ▲ Regretter ton adolescence. Ah, si tu pouvais y retourner avec tout ce que tu appris depuis…
- □ Joker ! Ton futur, c'est à toi de l'écrire au jour le jour.

RÉSULTATS

Max de ○ : résolument optimiste

Te laisser abattre ? Jamais ! Convaincu(e) que le meilleur est à venir, tu vois le futur avec des lunettes roses. Les soucis ne sont pas faits pour durer, et la vie pas pour se désespérer ! Quant aux situations critiques, tu ne doutes pas de les tourner en ta faveur. Peut-être parce que tu crois en ta bonne étoile et que tu ne perds jamais la foi. Ne change rien !

Max de □ : essentiellement fataliste

Tu penses qu'on récolte toujours ce que l'on sème. Le hasard peut bien sûr s'en mêler, mais de là à compter dessus… Trop aléatoire pour toi qui mises sur le mérite : une valeur sûre et juste, qui nous récompense (ou nous punit !) à hauteur de nos efforts. À tes yeux, chacun est maître de son destin. Autant, alors, mettre toutes les chances de ton côté…

Max de ▲ : plutôt pessimiste, non ?

Alors que le pire n'est qu'un scénario parmi d'autres, c'est en général lui que tu retiens. T'y préparer, c'est t'éviter une mauvaise surprise ou t'épargner une déception, penses-tu. Pourquoi pas, mais partir battu(e) d'avance ne t'encourage pas à donner ton maximum. Crois davantage en toi, tous les dés ne sont pas encore jetés !

ET SI JE PENSAIS POSITIF ?

« Je n'arrive à rien », « J'en ai marre », « Je me déteste »... Loin de t'aider, de telles pensées t'enfoncent ! L'antidote ? Positiver.

Penser positif ou juste autrement ?

Imagine-toi au pied d'une montagne. Tu peux soit te convaincre que la route qui mène au sommet est trop longue ; soit te lancer et t'accrocher, car chaque pas t'en rapproche. Quelle attitude est la plus productive ? Penser positif commence par envisager les situations sous un angle motivant, qui te pousse à avancer.

Aurélien : « Quand je me plante, je me dis qu'il y a de la place pour le progrès... Ça me donne envie de continuer ! »

Chercher le « coin de ciel »

Dans la vie, il y a des situations qui sont comme ça, point. Ce qu'on peut changer, c'est notre regard sur elles, notre état d'esprit, et c'est déjà beaucoup. À bien y réfléchir, le négatif l'est rarement à 100 %. Parfois, le « coin de ciel bleu » est évident, d'autres fois, il faut le chercher. Et même s'il te semble une maigre contrepartie, il a le mérite d'exister !

Marie : « Lors d'un spectacle, j'ai oublié le texte de ma chanson et l'ai remplacé par "La lala". J'en ai pleuré jusqu'à ce que je me dise : "Tu as eu la chance de chanter devant une salle entière et tu te plains ? Arrête !" »

Au lieu de subir, agis. Ta sortie de samedi est annulée, tu es déçu(e) ? Fais une chose qui te tient à cœur, rappelle un ami perdu de vue... Bref, crée « ta chance » !

Penser positif,

c'est aussi accepter de faire confiance. À toi-même d'abord, sachant que tu auras les ressources pour affronter les difficultés, tracer ton chemin et te faire aider au besoin. À la vie, ensuite, car elle te réserve de bonnes surprises, des joies, de belles rencontres. N'en doute pas !

Deux facteurs de changement

1- Bien t'entourer

Difficile de penser positif au milieu de gens blasés, défaitistes ou méchants. Recherche la compagnie de ceux qui te « nourrissent ».

2- Aligner tes actes sur tes pensées

Contradictoire de dire « Je vais m'amuser » puis de rester dans ton coin ! Tes pensées doivent être suivies d'actions concrètes. Sinon, rien ne se passera !

À cultiver au quotidien…

- **Les moments de bonheur**, gratuits, délicieux et si nécessaires.
- **Ta sérénité**. Promène-toi, lis un texte qui t'inspire, dessine, chante…
- **Les affirmations qui font du bien** : « À ce camp d'ados, je vais m'amuser » plutôt que « C'est l'ennui garanti ». Mine de rien, on se conditionne au négatif ! Concentrés sur nos peurs, nos manques ou ce qui cloche, on est rarement heureux.

EXERCICE :

Chaque soir, pense à tes trois bonheurs du jour : un compliment, un fou rire, un coucher de soleil… En bonus, une situation dans laquelle tu t'es affirmé(e). Avoir dit *zut* à ton irascible voisine, par exemple !

D'autres idées dans 3 Kifs par jour *de Florence Servan-Scheiber, édition Marabout.*

« C'est moche », « Ça ne sert à rien », « J'en ai marre »… Tu l'as remarquée, cette tendance à se complaire dans le négatif ? Râler est si confortable, au fond. Nos pensées positives nous paraissent souvent irréalistes, bêtes, naïves. Pourquoi ? Elles sont aussi justes et sensées que celles qui nous polluent !

« J'utilise mon énergie pour avancer au lieu de la retourner contre moi ! »

8 TRUCS DE CHAMPIONS

Champion(ne) sportif(ve) ou champion(ne) de la confiance en toi, même combat ! Découvre les trucs qui, sur le terrain, font la différence.

1- Connais-toi toi-même en cernant tes forces et tes faiblesses. Tu sauras ainsi sur quoi te reposer et ce qu'il te faudrait améliorer. Dépasser tes limites, c'est à ta portée !

2- Choisis tes combats parce que se battre sur tous les fronts, ça épuise. Concentre-toi sur ton objectif sans te laisser décourager.

3- Passe à l'action pour donner corps à tes idées, tes envies, tes projets. Tes alliés ? Ton instinct, de la volonté et l'ingrédient secret : l'audace !

4- Entraîne-toi. Pour réussir, un champion se prépare, travaille, se met à l'épreuve et, au final, progresse. Toujours.

5- Crois en toi et en ta victoire. Tu auras déjà accompli la moitié du chemin. Tu trébuches, tu perds un point ? Peu importe, le doute ne te fera pas flancher ! Garder un mental en béton armé face à l'adversité, voilà un secret de champion.

6- Accepte la défaite. Les champions analysent leurs erreurs pour en tirer profit et ajustent leur stratégie pour revenir au top. Se libérer de la peur d'échouer laisse l'esprit tranquille pour… gagner.

7- Cultive l'esprit d'équipe. Passer la balle au bon moment, relever un équipier tombé… À plusieurs on se motive, on se complète, on va plus loin. L'union fait la force !

8- Savoure tes succès. Et après t'être bien reposé(e) sur tes lauriers, vole vers de nouveaux défis !

Te mettre à douter une fois que tu es lancé(e), tirer trop vite des conclusions… Mauvaise idée ! Il y a un temps pour la réflexion, un pour l'action et un pour le bilan.

Tu as d'autres trucs ? Note-les ici :

La visualisation, une technique de champion

Pour les champions, se conditionner à gagner n'a rien d'un mythe. S'imaginer vainqueurs leur permettrait de faire la différence sur le terrain. Et si tu essayais ?

Mode d'emploi : ferme les yeux, détends-toi et visualise concrètement ta réussite (ton nom sur le panneau des reçus au brevet, les félicitations de tes copains...). Savoure tes sensations avant de rouvrir doucement les yeux.

À pratiquer régulièrement pour plus d'efficacité !

« Avant que tu ne refermes ce livre, nous tenions à te dire à quel point il a été important pour nous qui l'avons écrit. L'a-t-il aussi été pour toi ? Nous l'espérons vraiment ! En guise d'au revoir, nous voudrions te donner un dernier « truc » tout simple, mais très important. Juste deux mots à écrire en majuscules, à coller en évidence chez toi et à garder, toujours, dans un coin de ta tête et de ton cœur : garde confiance.

Quand bien même la vie ne serait pas tendre avec toi, ne perds ni ta générosité ni ton courage. Chéris tes envies, tes désirs et tes rêves. Prends le risque d'aller vers les autres. Continue à aimer et surtout, continue à t'aimer, toi. Et pour cela, tu as toute notre confiance.

Alda et Audrey »

Nos remerciements vont à
Audrey Akoun, Isabelle Pailleau, Christophe André, Gricha Mioche, Françoise et Catherine Dolto, David et Florence Servan-Schreiber, Isabelle Nazare-Aga, Germain Duclos, Danielle Laporte, Jacques Ross, Marie-Laurence Cattoire, Jean-Michel Jakobowicz, Cécile Neuville, Jean-Michel Gurret, Myriam Hoffmann, Hélène Mathieu-Venard, Sarah Famery, Frank Herbert, Lillian Glass, Fil Santé Jeunes.
Leurs idées, conseils, travaux, ouvrages, conférences et formations nous ont inspirées, guidées et soutenues lors de l'écriture de ce livre.

Un spécial merci à Chloé Samain, de La Martinière Jeunesse, la bonne fée de toute cette aventure !